Couvertures supérieure et inférieure
en couleur

XAVIER DE MONTÉPIN

LE
TESTAMENT ROUGE

I

PARIS
E. DENTU, ÉDITEUR
LIBRAIRE DE LA SOCIÉTÉ DES GENS DE LETTRES
3, PLACE DE VALOIS — PALAIS-ROYAL

1888

LIBRAIRIE E. DENTU, ÉDITEUR, PALAIS-ROYAL

ROMANS DE XAVIER DE MONTÉPIN

Collection grand in-18 jésus, à 3 francs le volume.

LA SORCIÈRE ROUGE. 3 vol.	LA BALADINE. 2 vol.
LE VENTRILOQUE. 3 vol.	LES AMOURS D'OLIVIER. 2 vol.
LE SECRET DE LA COMTESSE. 2 vol.	SON ALTESSE L'AMOUR. 6 vol.
LA MAITRESSE DU MARI. 1 vol.	LA MAITRESSE MASQUÉE. 2 vol.
UNE PASSION. 1 vol.	LA FILLE DE MARGUERITE. 6 vol.
LE MARI DE MARGUERITE. 3 vol.	MADAME DE TRÈVES. 2 vol.
LES TRAGÉDIES DE PARIS. 4 vol.	LES PANTINS DE MADAME LE DIABLE. 2 vol.
LA VICOMTESSE GERMAINE (suite des Tragédies de Paris). 3 vol.	LA MAISON DES MYSTÈRES. 2 vol.
LE BIGAME. 2 vol.	UN DRAME A LA SALPÊTRIÈRE. 2 vol.
LA BATARDE. 2 vol.	SIMONE ET MARIE. 6 vol.
UNE DÉBUTANTE. 1 vol.	LE DERNIER DUC D'HALLALI. 4 vol.
DEUX AMIES DE ST-DENIS. 1 vol.	LE SECRET DU TITAN. 2 vol.
SA MAJESTÉ L'ARGENT. 5 vol.	LA DEMOISELLE DE COMPAGNIE. 4 vol.
LES MARIS DE VALENTINE. 2 vol.	LES AMOURS DE PROVINCE. 3 vol.
LA VEUVE DU CAISSIER. 2 vol.	LA PORTEUSE DE PAIN. 6 vol.
LA MARQUISE CASTELLA. 2 vol.	LE CRIME D'ASNIÈRES. 2 vol.
UNE DAME DE PIQUE. 2 vol.	LE ROMAN D'UNE ACTRICE. 3 vol.
LE MÉDECIN DES FOLLES. 5 vol.	DEUX AMOURS. 2 vol.
LE PARC AUX BICHES. 2 vol.	P.-L.-M. 6 vol.
LE CHALET DES LILAS. 2 vol.	LA VOYANTE. 4 vol.
LES FILLES DE BRONZE. 5 vol.	LES FILLES DU SALTIMBANQUE. 2 vol.
LE FIACRE N° 13. 4 vol.	LES DESSOUS DE PARIS. 6 vol.
JEAN-JEUDI. 2 vol.	LE GROS LOT. 3 vol.

LE
TESTAMENT ROUGE
I

LIBRAIRIE E. DENTU, ÉDITEUR

DU MÊME AUTEUR

	fr.
Les Amours d'Olivier (suite et fin de la *Baladine*), 3ᵉ édit., 2 vol.	6
Les Amours de Province, 2ᵉ édit., 3 vol.	9
La Bâtarde, 3ᵉ édit., 2 vol.	6
La Baladine, 3ᵉ édit., 2 vol.	6
Le Bigame, 6ᵉ édit. 2 vol.	6
La Voyante, 2ᵉ édit., 4 vol.	12
I. — Blanche Vaubaron, 2 vol.	
II. — L'Agence Rodille, 2 vol.	
Le Crime d'Asnières, 4ᵉ édit., 2 vol.	6
I. — L'Entremetteuse.	
II. — La Rastaquouère.	
Le chalet des Lilas, 3ᵉ édit., 2 vol.	6
Une Dame de Pique, 3ᵉ édit., 2 vol.	6
Une Débutante, 3ᵉ édit., 1 vol.	3
La Demoiselle de Compagnie, 3ᵉ édit., 4 vol.	12
Le dernier duc d'Hallali, 3ᵉ édit., 4 vol.	12
Deux Amies de St-Denis, 4ᵉ édit., 1 vol.	3
Deux Amours, 4ᵉ édit., 2 vol.	6
I. — Hermine.	
II. — Odille.	
Un Drame à la Salpêtrière, 2ᵉ édit., 2 vol.	6
Le Fiacre nº 13, 6ᵉ édit., 4 vol.	12
La Fille de Marguerite, 3ᵉ édit., 6 vol.	18
Les Filles de Bronze, 5ᵉ édit., 5 vol.	15
Les Filles du Saltimbanque, 2ᵉ édit., 2 vol.	6
I. — La Comtesse de Kéroual.	
II. — Berthe et Georgette.	
Jean-Jeudi, 5ᵉ édit., 2 vol.	6
Madame de Trèves, 8ᵉ édit., 2 vol.	6
La Maison des Mystères, 2ᵉ édit., 2 vol.	6
La Maîtresse du Mari, 5ᵉ édit., 1 vol.	3
La Maîtresse masquée, 3ᵉ édit., 2 vol.	6
La Marquise Castella 3ᵉ éd., 2 vol.	
Le Mari de Marguerite, 14ᵉ édit., 3 vol.	
Les Maris de Valentine, 8ᵉ édit., 2 vol.	6
Sa Majesté l'Argent, 6ᵉ édit., 5 vol.	15
Le Médecin des Folles, 5ᵉ édit., 5 vol.	15
P.-L.-M., 3ᵉ édit., 6 vol.	18
I. — La Belle Angèle, 2 vol.	
II. — Rigolo, 2 vol.	
III. — Les Yeux d'Emma-Rose, 2 vol.	
Les Pantins de Madame le Diable, 4ᵉ édit., 2 vol.	6
Une Passion, 4ᵉ édit., 1 vol.	3
Le Parc aux Biches, 3ᵉ édit., 2 vol.	6
La Porteuse de Pain, 3ᵉ édit., 6 vol.	18
Le Roman d'une Actrice, 3ᵉ édit., 2 vol.	6
I. — Pamela des Variétés.	
II. — Madame de Franc-Boisy.	
Le Secret de la Comtesse, 5ᵉ édit., 2 vol.	6
I. — Le Capitaine des Hussards.	
II. — Armand.	
Le Secret du Titan, 2ᵉ édit., 2 vol.	6
Simone et Marie, 3ᵉ édit., 6 vol.	18
Son Altesse l'Amour, 4ᵉ édit., 6 vol.	18
La Sorcière Rouge, 4ᵉ édit. 3 vol.	9
Les Tragédies de Paris, 7ᵉ édit., 4 vol.	12
Le Ventriloque, 4ᵉ édit. 3 vol.	9
I. — L'assassin de Marlette.	
II. — La femme du Prussien.	
III. — Le Mari et l'Amant.	
La Veuve du Caissier, 8ᵉ édit., 2 vol.	6
La Vicomtesse Germaine, 7ᵉ édit., 3 vol.	9

ÉMILE COLIN. — IMPRIMERIE DE LAGNY.

XAVIER DE MONTÉPIN

LE
TESTAMENT ROUGE

I

PARIS

E. DENTU, ÉDITEUR

LIBRAIRE DE LA SOCIÉTÉ DES GENS DE LETTRES

PALAIS-ROYAL, 15-17-19, GALERIE D'ORLÉANS
ET 3, PLACE VALOIS

—

1888

(Tous droits de traduction et de reproduction réservés)

LE TESTAMENT ROUGE

PREMIÈRE PARTIE

PASCAL SAUNIER

I

L'un des derniers jours du mois de mai 1879, vers une heure de l'après-midi, un landau noir avec filets et réchampis blancs, attelé de deux grands carrossiers bai-bruns, anglo-normands, qui pouvaient valoir à peu près cinq cents louis, traversait la place du Carrousel, la rue de Rivoli, gagnait la rue de Richelieu, et venait s'arrêter près du square Louvois, en face de l'entrée provisoire de la Bibliothèque nationale.

La bouclerie des harnais disparaissait sous des enveloppes de cuir vernis; aux *frontails* des chevaux se voyaient des pompons de crêpe noir.

Le cocher et le valet de pied, assis l'un à côté de l'autre sur le siège, portaient le grand deuil.

Un seul point brillant attirait le regard au milieu de tout ce noir, c'était l'écusson peint au centre des panneaux et surmonté de la couronne comtale aux neuf perles.

Au moment où le landau stoppait, le valet de pied sauta vivement à terre, vint ouvrir la portière et étendit sa main gantée pour aider son maître à descendre.

Ce maître, — un vieillard vêtu de deuil comme ses domestiques et dont les cheveux soyeux, d'une blancheur de neige, encadraient le visage pâle, — descendit de la voiture en s'appuyant sur la main tendue.

Il paraissait avoir près de quatre-vingts ans, quoique en réalité il en eût soixante-cinq ou soixante-six au plus, mais sa figure aristocratique, creusée de rides profondes, portait l'empreinte des souffrances qui, longtemps avant l'âge, avaient courbé sa haute taille et voûté ses larges épaules.

L'œil d'un bleu d'acier était voilé, et par moments semblait presque éteint.

L'ensemble de la physionomie offrait une expression de navrante tristesse.

Un tremblement sénile agitait les mains.

Bref, le personnage que nous venons de décrire brièvement semblait avoir déjà un pied dans la tombe.

Quoique la température de cette fin du mois de

mai fût très douce, et que le soleil brillât d'un vif éclat dans un ciel sans nuage, le vieillard était enveloppé dans un ample pardessus ouaté.

A l'une des boutonnières se voyait la rosette de la Légion d'honneur.

Lorsque le trottoir fut traversé et la porte d'entrée franchie, le valet de pied demanda :

— Dois-je accompagner monsieur le comte?

— C'est inutile, — répondit le maître, — remontez sur le siège et dites à Etienne d'aller promener les chevaux aux Champs-Elysées...

— A quelle heure faudra-t-il venir reprendre monsieur le comte?

— A trois heures.

La voix du vieillard, nette, sonore et bien timbrée, contrastait notablement avec l'apparence générale, et attestait qu'il restait encore de la vie dans ce corps brisé.

Le valet de pied abandonna le bras de son maître, rejoignit le cocher auquel il transmit les ordres, et la voiture, tournant sur elle-même, reprit le chemin de la rue de Rivoli pour de là gagner les Champs-Elysées.

Tandis que l'équipage s'éloignait, le nouveau venu avait gravi lentement les degrés accédant au large perron intérieur, flanqué à droite du bureau du gardien-concierge, et à gauche du vestiaire où travailleurs et visiteurs doivent déposer leurs cannes ou leurs parapluies, dont l'introduction dans les salles de lecture et de travail est absolument interdite.

Le comte traversa ce vestibule, obliqua vers la gauche, descendit quelques marches conduisant à une galerie vitrée dans laquelle il s'engagea, galerie aboutissant à une large baie au-dessus de laquelle se lisaient, au milieu d'un cartouche et tracés en lettres grisaille figurant la sculpture, ces mots :

SALLE DE TRAVAIL

Il poussa le battant d'une porte massive, franchit le seuil et se trouva en face d'un petit bureau derrière lequel siégeait l'employé de la Bibliothèque chargé de constater l'identité des visiteurs sur la présentation de leur carte, et de distribuer les bulletins personnels de travail.

La vaste salle dans laquelle il venait de pénétrer est de construction presque récente, puisqu'elle date du second Empire; elle offre l'aspect le plus imposant.

Carrée, haute de plafond et d'une ornementation très luxueuse, elle reçoit la lumière à flots par six baies de forme arrondie et de dimensions monumentales.

Les murailles sont tapissées de rayons chargés de volumes.

On parvient à ces rayons par un système d'échelles et par des chemins volants qui circulent autour de la salle entière.

Quatorze bancs doubles occupent cette salle, coupée en deux parties égales par un large passage qui, de la porte d'entrée, conduit aux bureaux du bibliothécaire et à d'autres salles dont on aperçoit la féerique perspective, mais dont l'accès est interdit au public.

Le nombre des places disponibles pour les travailleurs est de trois cent quatre-vingt-douze.

Deux tables, munies de sièges, sont en outre réservées de chaque côté aux lecteurs de publications périodiques, telles que la *Revue des Deux-Mondes*, la *Revue Nouvelle*, la *Revue des Sciences*, etc.

Une trentaine de personnes au plus se trouvaient dans la salle de travail au moment où le vieillard que nous suivons en franchissait le seuil.

Il s'arrêta pendant une seconde en face du bureau de l'employé qui lui remit un *bulletin personnel*, puis il alla prendre place à l'extrémité d'un banc, près des rayons supportant les livres d'un usage journalier, tels que dictionnaires, encyclopédies, catalogues.

Une fois assis le vieillard, évidemment très fatigué, se reposa pendant quelques minutes, puis il prit dans une des poches de son pardessus ouaté un agenda relié en chagrin noir, en retira un porte-crayon d'argent et, se servant de l'agenda comme de sous-main, remplit, conformément à l'une des règles fondamentales de la Bibliothèque, les cases du bulletin qui lui avait été remis au moment de son entrée.

Ces cases, au nombre de quatre, portaient chacune une indication différente.

Les trois premières devaient contenir le nom du lecteur, son adresse, le numéro de la place occupée par lui sur le banc.

La quatrième était réservée au titre de l'ouvrage dont la communication était demandée.

Le vieillard écrivit dans la première case :

« *Comte Philippe de Thonnerieux.* »

Dans la seconde :

« *Rue de Vaugirard, numéro 62.* »

Dans la troisième, après s'être retourné pour consulter le chiffre tracé au dossier de son banc :

« *Compartiment 216.* »

Ceci fait, au lieu de remplir la quatrième case, il se leva et se dirigea vers l'estrade où siègent les sous-bibliothécaires chargés de répondre aux demandes des travailleurs.

On connaissait M. de Thonnerieux à la Bibliothèque, car les employés le saluèrent avec un respect manifeste, et l'un d'eux lui demanda :

— Comment vous portez-vous monsieur le comte ?

Le vieillard hocha la tête et répondit d'un ton mélancolique :

— Bien doucement...

— Peut-être travaillez-vous trop ?...

— Ce n'est pas cela...

— Qu'est-ce donc, alors ? — Vous ne semblez pas malade...

— Aussi, ne le suis-je point, mais l'âge arrive... les années succèdent aux années, et les forces s'en vont...

— Il y a longtemps que nous n'avions eu le plaisir de vous voir...

— Trois mois, à peu près...

— Quel ouvrage allons-nous avoir l'honneur de mettre à votre disposition ?

— Je ne suis pas absolument fixé... — Mes recherches peuvent avoir différents objets... Veuillez me confier le dernier volume paru du catalogue Brunet...

— Le voici.

Et le sous-bibliothécaire remit un livre assez volumineux au comte qui le prit et retourna s'asseoir à la place portant le numéro 216.

Quand il se fut éloigné un jeune homme, nouvellement admis parmi les conservateurs de la Bibliothèque, posa cette question à son collègue :

— Quel est ce vieux monsieur ?

— Le comte de Thonnerieux.

— Ah !

— Ce nom ne vous dit rien ?

— Rien, absolument.

— C'est pourtant celui d'un fort grand seigneur et d'un homme très riche... M. de Thonnerieux possède un joli nombre de millions...

— Sapristi ! je voudrais être à sa place ! — Pour la fortune s'entend, pas pour autre chose, car le brave homme, à coup sûr, ne jouira pas longtemps désormais de ses millions... — Il me paraît ébréché fortement...

— Il est, en effet, bien cassé... beaucoup plus qu'il ne devrait l'être, car il n'a pas, et il s'en faut de bien des années, l'âge qu'il paraît avoir.

— On lui donnerait cent ans.

— Je doute qu'il en ait plus de soixante-quatre ou de soixante-cinq.

— Sont-ce des excès de travail qui le mettent dans cet état, ou fait-il la fête ?

— Ce n'est ni le travail ni les plaisirs qui l'ont ainsi prématurément vieilli...

— Qu'est-ce donc ?

— Ce sont les chagrins.

— Des chagrins de quelle nature ?

— Il a perdu successivement sa femme qu'il adorait et sa fille unique, en qui il avait concentré toutes ses affections... — Avant ces deux catastrophes, séparées seulement par un court intervalle, il avait conservé, sinon l'aspect d'un homme jeune du moins celui d'un homme dans toute la force de l'âge. Deux ans à peine se sont écoulés depuis la mort de sa fille, et vous venez de voir ce qu'il est devenu ; en deux années il a vieilli de trente.

— Voilà qui ne doit pas être précisément désagréable à ses héritiers.

— Ses héritiers ? il n'en a point.

— Allons donc !

— C'est comme j'ai l'honneur de vous le dire... — ni proches, ni éloignés...

— Sans héritiers et millionnaire !... Bigre ! — A qui laissera-t-il sa fortune ?

— Je voudrais que ce fût à moi...

— Je vous le souhaiterais, collègue, et je vous dirais : — *Part à deux !*...

— Par malheur, une idée si louable ne lui viendra certainement pas. C'est un philanthrope, un humanitaire ; il dotera vraisemblablement l'Assistance publique.

— Si c'est un humanitaire intelligent, il ne fera pas cette boulette et il s'arrangera de façon à ce que les malheureux vraiment à plaindre soient secourus sans esprit de parti.

— Il fera pour le mieux, je n'en doute pas, car

toute sa vie a été marquée par une succession d'actes généreux... c'est un cœur d'or et un esprit de premier ordre. Ecrivain de valeur, il a publié plusieurs ouvrages très estimés sur le *paupérisme*... C'est à lui qu'est venue la première idée des asiles de nuit, cette œuvre magnifique!... Il a versé de ses deniers 300,000 francs pour la fondation de celui de la rue de Tocqueville... Il a enrichi l'établissement des Enfants-Assistés... L'asile du Vésinet lui doit également beaucoup... Quand il mourra, sa mémoire sera bénie et vénérée de tous...

— Puisque c'est un si brave homme, il est fâcheux qu'il file un si mauvais coton... Nous vivons à une époque où les particuliers de cet acabit ne se rencontrent point à chaque pas.

Tandis que s'échangeaient ces paroles entre les deux collègues, le comte de Thonnerieux, nous l'avons dit, était retourné s'asseoir.

Il étala le catalogue sur le pupitre placé devant lui, l'ouvrit, se mit à le feuilleter à la section: *Histoire. — Mémoires divers*, et pendant un instant fit tourner les pages, d'une main fiévreuse et impatiente.

Enfin il trouva ce qu'il cherchait, car il reprit son porte-crayon et remplit la quatrième case du bulletin en y mentionnant le titre de l'ouvrage qu'il demandait, le nom de l'auteur, le nombre de volumes, le lieu et la date de la publication.

Après avoir achevé ce travail obligatoire, indispensable pour diriger les recherches des employés, recherches qui sans cela seraient très pénibles, il retourna près de l'estrade et remit son bulletin au sous-bibliothécaire qui lui avait précédemment adressé la parole.

Celui-ci traça en marge de ce bulletin des indications particulières, des signes qui, pour un profane, auraient semblé hiéroglyphiques, et l'expédia par voie d'ascenseur aux employés des étages supérieurs, chargés de trouver sur les rayons l'ouvrage demandé.

Le comte de Thonnerieux avait de nouveau regagné sa place où il s'était mis à compulser divers papiers tirés de son portefeuille.

Sept ou huit minutes s'écoulèrent, puis un garçon de la Bibliothèque lui apporta le volume désigné et le déposa sur le pupitre, à la place du catalogue qu'il reprit.

Ce volume était un petit in-8, relié en veau à l'ancienne mode et doré sur tranches.

Sans doute il avait été fort peu lu, car la dorure des tranches n'offrait point ces flétrissures qui résultent du contact souvent répété des doigts tournant les feuillets.

Le vieillard l'ouvrit à la première page qui portait

ce titre, dont nous conservons la dispositon typographique :

LE TESTAMENT ROUGE

—

MÉMOIRES

DU

SIEUR DE LAFFÉMAS

POUR SERVIR A L'HISTOIRE

DE SON ÉMINENCE LE CARDINAL DE RICHELIEU

PREMIER MINISTRE

DE

SA MAJESTÉ TRÈS CHRÉTIENNE

LE ROY LOUIS XIII

—

PUBLIÉ A AMSTERDAM
ANNO DOMINI 1674

II

M. de Thonnerieux feuilleta le petit volume que Victor Hugo connaissait certainement quand il écrivit *Marion Delorme*, s'arrêta à la vingtième page, qu'il marqua en se servant d'un morceau de papier en guise de signet, puis, abandonnant le livre, il fouilla l'une de ses poches et en tira un étui contenant une minuscule bouteille d'encre rouge et une plume d'or.

Trempant alors sa plume dans l'encre, il reprit le volume et se mit en devoir de commencer le plus étrange, le plus inexplicable travail.

Ce travail consistait à souligner d'un point ou d'un trait des lettres ou des mots de la vingtième page du *Testament rouge, Mémoires du sieur de Laffémas*.

Arrivé au bas du recto de cette page, il la tourna et continua ses marques au verso, par conséquent sur la page 21, puis au recto de la page 22.

Avant que les dernières lignes de cette page fussent atteintes, il avait terminé son travail. Alors il abandonna sa plume, revint à la vingtième page et se mit à lire à demi-voix les lettres et les mots marqués et soulignés par lui, et dont l'assemblage constituait les trois phrases suivantes :

« *Château des Granges-de-mer-la-Fontaine,*

» *Dix-septième dalle noire de la chapelle,*

« *En comptant à partir du coin gauche.* »

— C'est bien cela !... — murmura-t-il après avoir lu. — Impossible que les initiés ne comprennent pas, tandis que, pour quiconque n'en aura pas la clef, l'énigme restera impénétrable...

Le comte referma le livre et regarda sa montre.

Elle marquait trois heures moins quelques minutes.

Le temps avait marché vite ; — il est vrai que la besogne accomplie était longue et minutieuse.

M. de Thonnerieux serra ses papiers, son encre rouge, sa plume d'or, rapporta le volume à l'employé chargé de la réception des ouvrages communiqués, salua les conservateurs et sortit de la salle de travail, puis de la Bibliothèque.

Le landau stationnait près du square Louvois.

Le valet de pied aperçut son maître et se dirigea vivement de son côté, tandis que le cocher amenait la voiture au bord du trottoir.

— Où va monsieur le comte ? — demanda le valet lorsqu'il eut refermé la portière du landau, après avoir fait monter M. de Thonnerieux, qui répondit :

— Chez la comtesse de Chatelux.

— Rue de Tournon... — dit à son tour le domestique au cocher en escaladant les hauteurs du siège.

Dix minutes plus tard, l'équipage s'arrêtait, rue de Tournon, dans la cour de l'hôtel de madame de Chatelux.

Le comte descendit de voiture et se fit annoncer.

La maîtresse du logis vint elle-même jusqu'au vestibule au-devant du vieillard qu'elle prit par le bras avec empressement pour le conduire au grand salon, qui se trouvait au rez-de-chaussée de l'hôtel ainsi que les autres pièces de réception.

Georgine de Graves, comtesse de Chatelux, était une femme de quarante-cinq ou quarante-six ans, très belle encore, quoique les traces de grandes fatigues ou de grands chagrins fussent visibles sur ses traits réguliers et aristocratiques, qui conservaient intacte la pureté de leurs lignes.

C'est tout au plus si quelques fils d'argent que la comtesse dédaignait de dissimuler (ce qui lui aurait été cependant facile) se mêlaient à la masse opulente de ses cheveux noirs et soyeux.

Sous son front, que rayaient deux ou trois plis à peine visibles, brillaient deux grands yeux d'un bleu foncé et d'une incomparable douceur.

Sa physionomie exprimait à la fois l'intelligence, la fermeté, la bonté.

Madame de Chatelux fut frappée des changements survenus dans le visage de M. de Thonnerieux depuis la dernière et toute récente visite qu'il lui avait faite.

— Qu'avez-vous donc, mon ami ? — lui demanda-t-elle, émue et inquiète, en le faisant asseoir auprès d'elle, — je vous trouve plus sombre que d'habitude... vous semblez accablé...

— C'est qu'en effet je suis accablé, mon amie, — répondit le comte avec une expression de profond découragement, — oui, mon âme est sombre, oui, mes pensées sont noires... oui, ma tristesse va chaque jour en augmentant, et ne cessera de grandir jusqu'à l'heure du dernier sommeil... Heure à présent bien proche, car je sens ma vie s'en aller...

— Parce que vous vous abandonnez, mon ami... — répliqua vivement la comtesse. — Parce que vous n'avez pas le courage de lutter contre votre douleur !

Le vieillard haussa les épaules.

— Lutter, — répéta-t-il, — à quoi bon ? Je suis vaincu d'avance !... La douleur vient des souvenirs et je ne peux pas oublier !... — Si je le pouvais, d'ailleurs, je ne le voudrais pas !... — Je suis accablé, disiez-vous, mon amie... Le mot est trop faible, je suis écrasé !

— N'ai-je donc pas souffert aussi, moi ? — s'écria madame de Chatelux. — Souvenez-vous, Philippe ! — Lorsque j'eus, il y a trois ans, l'irréparable malheur de perdre mon mari, je m'abandonnais à mon désespoir. Vous m'avez soutenue. Voici textuellement vos paroles : *Il faut être forte. Dieu l'exige. On ne vit pas avec les morts et votre devoir est de vivre !*

— Ce sont bien mes paroles en effet, — répondit M. de Thonnerieux, en essuyant du revers de la main deux grosses larmes qui coulaient sur ses joues, — vous veniez de recevoir un coup terrible, mais vous aviez un fils, un enfant qui vous aimait de tout son cœur, que vous aimiez de toute votre âme, et c'est pour lui que je vous ordonnais de vivre ! C'est pour lui que vous vivez ! — Moi je n'ai plus rien, vous le savez bien. — Suzanne, mon adorée Suzanne est morte, et six mois après ma fille, mon unique enfant, la suivait dans la tombe. — Je reste seul, seul au monde, et désespéré, après avoir été si heureux ! — Que voulez-vous que je fasse sur la terre ?

— Mais vous n'êtes pas seul au monde, cher Philippe ! — répliqua madame de Chatelux, en prenant les mains du vieillard et en les serrant affectueusement dans les siennes. — Vous avez des amis... des amis dévoués, sur l'attachement desquels vous pouvez, vous devez compter absolument !

— Je le sais bien, et parmi eux vous occupez le premier rang. Mais les amis, si chers et si dévoués qu'ils soient, ne peuvent remplacer les affections que j'ai perdues. Ils ne me rendront pas les joies pures et divines que j'ai goûtées pendant près de dix-huit ans, et que la mort m'a brusquement ravies !

En prononçant d'une voix entrecoupée ces paroles presque indistinctes, le comte de Thonnerieux sanglotait, et c'était grande pitié de voir des pleurs s'échapper des yeux ternis, et ruisseler comme une pluie d'orage sur les joues flétries du vieillard.

Madame de Chatelux, remuée jusqu'au fond de l'âme par ce navrant spectacle, pleurait elle-même.

Elle fit cependant un effort énergique pour refouler ses larmes, et essaya de consoler de son mieux celui qu'elle appelait son ami.

— Philippe, mon cher Philippe, — lui dit-elle, — je vous en conjure au nom de la tendresse que vous avez pour moi, ne vous abandonnez pas, ainsi que vous le faites, à une faiblesse indigne d'un homme !

— Personne au monde n'a mieux compris et n'a déploré plus que moi l'abîme de douleur que creusait autour de vous la perte successive de Suzanne et de Marie ! — Ah ! vous avez été cruellement éprouvé, vous si digne d'être heureux ! vous dont l'existence entière n'a été qu'une suite d'actions généreuses ! Mais, vous le savez, Dieu frappe ceux qu'il aime, et, si les coups sont rudes, ce n'est point une raison pour vous révolter contre ses décrets, pour rejeter un fardeau qui vous semble trop lourd, pour vous laisser mourir de chagrin ! — Si vous mourez, que deviendront tous ces pauvres que vous secourez et qui vous bénissent ? Tous ces êtres qui vous doivent l'existence, puisque c'est grâce à vos bienfaits qu'ils peuvent vivre ? — Songez, mon ami, aux deux anges qui vous ont été enlevés... — Suzanne et Marie, qui vous regardent du haut du ciel, doivent être tristes en vous voyant vous abandonner ainsi... A soixante-cinq ans à peine vous avez l'apparence d'un octogénaire ! — Avec une constitution vigoureuse comme la vôtre, il vous restait un long avenir, et vous semblez prêt à descendre dans la tombe ! — Quelle contradiction entre vos actes et vos paroles ! — Aux désespérés vous criez : — Courage ! et vous succombez vous-même au découragement, au désespoir !

— N'ai-je donc point le droit de mourir ? — murmura le comte.

— Non ! car votre vie ne vous appartient pas ! — Elle appartient à Dieu qui vous a fait son apôtre de charité sur la terre! — Remplissez cette mission jusqu'au bout ! Elle est grande, elle est consolante !

M. de Thonnerieux, la tête basse, resta quelques instants silencieux, puis enfin, d'une voix lente et brisée, il murmura :

— Vous êtes dans le vrai, je le sens bien, mon amie, mais est-ce que je puis raisonner avec mon pauvre cœur?... — Si j'essaye de ralentir ses battement douloureux, si j'entreprends de cicatriser ses blessures toujours vives, toujours saignantes, il ne m'obéit pas ! Je suis impuissant contre ma pensée qui, malgré moi, s'assombrit sans cesse... impuissant contre ma mémoire qui, sans relache, évoque le passé !! — Vous me parlez de mes pauvres... ils ne perdront rien à ma mort, car en mourant je ne les oublierai pas, et ils prieront pour moi, comme ils prient déjà pour celles qui ne sont plus et que j'aurai retrouvées là-haut !

— Je vous en supplie, Philippe, — s'écria madame de Chatelux, — chassez de votre esprit ces idées lugubres, et parlons d'autre chose, voulez-vous?

Le vieillard lui serra la main et leva sur elle ses yeux encore voilés par les larmes récentes.

— Oui, — répondit-il, — je le veux. — Parlons de Fabien.

— De mon fils... — c'est cela... — fit la comtesse dont un rayon de joie éclaira le visage.

— Etes-vous contente de lui, mon amie ?

— Autant qu'on le puisse être... Je n'ai pas un seul reproche à lui adresser !... Fabien fait de moi une heureuse mère... Conduite et travail, tout est parfait... Il vient de conquérir brillamment ses diplômes de bachelier ès-lettres et de bachelier ès-sciences.

— A dix-neuf ans, c'est très beau ! Vous avez le droit d'être fière de lui !

— Je le suis en effet, et je compte bien qu'il ne s'arrêtera pas en si beau chemin !...

— A quelle carrière le destinez-vous, ou plutôt se destine-t-il ?

— Je le lui ai demandé en lui expliquant la nécessité absolue de se créer une position indépendante, car nous ne sommes pas riches, notre fortune ayant été singulièrement réduite par les spéculations malheureuses de feu mon mari... Il ne nous reste que cet hôtel et un revenu à peine suffisant pour ne point déchoir dans le monde... Il m'a répondu que, fût-il millionnaire, il ne se croirait pas, pour cela, dispensé du travail ; qu'il avait des devoirs à remplir envers lui-même et envers ses semblables, qu'il tenait à prendre sa place au milieu du grand mouvement intellectuel et scientifique de son époque, et à se rendre utile à son pays dans la mesure de ses forces.

— Pour atteindre un but si louable, que compte-t-il faire ?

— Entrer à l'Ecole polytechnique... Approuvez-vous cette décision ?

— Absolument... Mais je tiens à vous dire une fois de plus ce que je vous ai déjà répété souvent : Si la vocation de Fabien le poussait du côté des carrières qui demandent une mise de fonds importante, telles que la haute industrie, le notariat ou la banque, il ne faudrait pas que le manque d'argent fût un obstacle à la réalisation de ses désirs... — André de Chatelux, votre mari, était mon ami... — Il n'a pas follement dissipé sa fortune... — Ce sont des spéculations malheureuses et non l'inconduite qui l'ont appauvri... — Sa ruine inattendue l'a frappé au cœur... — il n'a pu survivre à l'idée de la médiocrité, des privations peut-être, qu'il imposerait par son imprudence à vous et à son fils... — Le chagrin l'a tué !...

— Hélas !... et Dieu sait cependant que je ne songeais guère à lui reprocher la fortune perdue ou du moins diminuée... je ne lui demandais que de vivre.

— J'achève ma pensée... — Si vous avez besoin de moi, chère Georgine, parlez... Voulez-vous deux cent, trois cent mille francs et même plus, qui permettront à Fabien de se consulter de nouveau et de suivre librement sa vocation vraie ?...

— Mon ami, — répondit la comtesse, — je suis profondément reconnaissante de votre offre généreuse, mais j'ai l'amour-propre de ne point vouloir que Fabien doive à l'argent ce qu'il peut, ce qu'il doit être un jour... — je vous remercie de tout mon cœur, et je refuse...

— Votre délicatesse n'est-elle point exagérée ?

— Non, elle n'est que sage.

— Vous êtes jeune encore, vous aimiez le monde, et la médiocrité de vos ressources vous oblige à vous isoler dans cet hôtel.

— J'ai mon fils, cela me suffit. — Je ne désire pas autre chose.

Le comte soupira tristement.

Il pensait combien l'isolement lui aurait semblé doux, à lui aussi, en compagnie des deux êtres qu'il avait tant aimés.

— Cher Philippe, — lui dit vivement la comtesse, — n'allez pas retomber dans vos sombres rêveries.

— Non... non... et continuons à causer. — Vous ne voulez rien accepter, moi vivant, pour vous ni pour Fabien, soit ! — N'en parlons plus, mais vous ne me ferez pas changer la teneur de mon testament !

— Allez-vous donc parler de testament ? — il ne manquerait plus que cela !

— En parler ne fait point mourir, et vous savez

que mes dispositions dernières sont prises depuis longtemps.

— Oui, le jour où votre chère femme mettait au monde Marie, et où moi-même je donnais le jour à Fabien, vous résolûtes, en l'honneur de la naissance de votre fille, de doter tous les enfants nés ce jour-là dans votre arrondissement.

— Et je l'ai fait. — La somme destinée à chacun d'eux est assez forte pour lui permettre de vivre heureux... — Si mon existence, ce dont je doute, se prolonge jusqu'à la majorité de ces enfants, je les entendrai me bénir. — Si, au contraire, je mourais avant, ils se trouveraient riches plus tôt... et Fabien serait du nombre.

— Puissiez-vous vivre longtemps, bien longtemps, mon cher Philippe, pour que nous puissions vous aimer comme vons méritez de l'être.

M. de Thonnerieux poursuivit, après avoir serré les mains de la comtesse :

— Donc vous ne me ferez pas changer la teneur de mon testament, par conséquent soyez assurée que Fabien, quelle que soit la carrière qu'il embrasse, aura de quoi tenir un rang digne de lui ! — Où est-il en ce moment ? — ajouta le vieillard.

— Au palais de l'Industrie, à l'Exposition de peinture : — Mais vous le verrez quand il rentrera, car je compte bien que vous resterez dîner avec nous.

— Pas aujourd'hui, ma chère Georgine.

— Pourquoi donc ?

— Je me sens un peu fatigué et j'ai besoin de repos...

— Je n'insiste pas, car je connais la ponctualité de vos habitudes, mais j'aurais bien voulu que vous vissiez Fabien...

— Voilà plus d'un mois qu'il n'est venu rue de Vaugirard... — Grondez-le de ma part...

— Il ne faut pas lui en vouloir. — Il a fait un voyage d'environ trois semaines... il était chez nos cousins de Bourgogne...

III

Après un moment de silence, M. de Thonnerieux reprit :

— Fabien est-il toujours l'ami très intime du jeune Fromental ?

— Toujours, — répondit la comtesse de Chatelux, — ils se voient fort souvent. — Paul Fromental accompagne aujourd'hui mon fils à l'Exposition... Nés le même jour, ayant fait leurs études au même collège, dans la même classe, sans se quitter jamais depuis leur enfance, il est tout naturel qu'ils se soient liés d'une étroite amitié... — ils s'aiment comme s'ils étaient frères.

— Je suis heureux de cette liaison. — Paul Fromental me paraît un garçon rempli d'intelligence et de cœur... — Ceux qui lui portent de l'intérêt n'auront pas à rougir de lui.

— Nous n'avons rien épargné, vous et moi, mon ami, pour en faire un homme, et notre sollicitude a porté ses fruits. Les études de Paul Fromental ont été achevées aussi brillamment que celles de Fabien...

— Je n'ai pas vu son père depuis quelque temps. Il est toujours, je pense, dans la même position...

— Oui, et toujours aussi profondément triste... Le pauvre Fromental a cruellement souffert.

— Cruellement, oui... — répéta M. de Thonnerieux.

— Cette condamnation dont j'ai pu, grâce à de hautes influences, amoindrir les effets, a brisé sa vie. La justice est parfois bien inhumaine quand elle applique sans discernement la loi.

— Fromental est un homme absolument honnête. — fit la comtesse.

— Si j'en avais douté, je ne l'aurais point couvert de ma protection... vous a-t-il dit ce qu'il comptait faire de son fils ?...

— Il le destine je crois, au professorat.

— C'est une carrière honorable entre toutes. Paul Fromental n'a d'ailleurs rien à redouter de l'avenir... — Il est, ainsi que Fabien, du nombre des enfants venus au monde le jour de la naissance de ma pauvre Marie, et à ce titre inscrit sur mon testament... — Il sera dans l'aisance, il sera heureux, et c'est pour moi une joie de penser qu'il méritera son bonheur, comme il a mérité jusqu'à ce jour ce que nous avons déjà fait pour lui... J'aurais voulu le voir, lui et Fabien.

— C'est bien facile... Restez à dîner...

— Impossible aujourd'hui, mon amie. Je me sens vraiment très faible et je vais rentrer chez moi.

Le comte se leva.

— Vous me quittez déjà!! — fit madame de Chatelux d'un ton de chagrin sincère.

— A mon grand regret, je vous assure... J'ai un peu abusé de moi aujourd'hui et j'ai besoin de repos. — Envoyez-moi le plus tôt possible, je vous en prie, Fabien et Paul... — Je serai heureux de les voir, de causer avec eux...

— Ils seront bien joyeux de vous rendre visite, car ils ont pour vous, l'un et l'autre, une affection filiale.

— Affection qu'ils me doivent en échange de ma tendresse paternelle... — Maintenant, mon amie, je vous quitte... — J'ai bien fait de venir... Vous avez exercé sur moi une influence favorable... le moral est moins abattu, l'esprit plus calme...

— Revenez donc bientôt, alors, afin que je vous guérisse tout à fait ! — s'écria la comtesse avec empressement.

— Je reviendrai bientôt.

Madame de Chantelux présenta son front au vieillard qui l'effleura de ses lèvres pâles, puis elle le reconduisit jusqu'au vestibule et le vit monter dans sa voiture stationnant au bas des marches du perron.

De la main le comte lui dit un dernier au revoir, et le landau sortit de la cour.

Il n'y a qu'un pas de la rue de Tournon à la partie de la rue de Vaugirard qui se trouve à l'angle de la rue Bonaparte.

En quelques minutes M. de Thonnerieux atteignit son hôtel, demeure vraiment grandiose, mais où la tristesse et le deuil régnaient sans partage.

Le comte en mettant pied à terre trouva sous le péristyle Jérôme, son vieux valet de chambre, la figure bouleversée.

Jérôme, sans famille et célibataire endurci, depuis quarante-cinq ans au service du comte, avait voué à son maître un de ces attachements exclusifs à qui tout porte ombrage et qui s'alarment de tout, même de choses sans importance.

La santé chancelante, l'affaiblissement progressif et rapide de M. de Thonnerieux, lui causaient des préoccupations continuelles, le terrorisaient en quelque sorte.

Le vieillard se montrait d'une extrême ponctualité dans ses habitudes. Chaque jour il rentrait à cinq heures moins quelques minutes.

2.

Or, ce jour-là il était tout près de cinq heures et demie.

Depuis près de trente-cinq minutes Jérôme se morfondait dans une attente épouvantée, s'égarait en des conjectures absolument folles, et déjà prévoyait quelque catastrophe lorsque le landau franchit le seuil de la porte cochère.

Du premier coup d'œil le vieux domestique aperçut son maître derrière les glaces des portières, respira, soulagé d'un poids énorme, et malgré son âge se précipita avec la promptitude d'un jeune homme pour aider Philippe de Thonnerieux à descendre.

— Enfin, c'est monsieur le comte ! — s'écria-t-il. — Je ne vivais pas ! je me mourais d'inquiétude !

— Pourquoi donc, mon bon Jérôme ? — demanda le vieillard.

— Parce qu'il est cinq heures et demie.

— Et que j'ai l'habitude de rentrer à cinq heures

— Ce n'est qu'un tout petit retard...

— C'est vrai, mais monsieur le comte est un peu faible depuis quelque temps, et quand je ne suis point à côté de lui il me semble qu'on me retourne sur des charbons ardents.

— J'ai oublié l'heure en causant chez madame de Chatelux... Son fils, Fabien, viendra me voir ces jours-ci avec le jeune Fromental.

— M. Paul ?

— Oui... Deux braves jeunes gens... Tu me les amèneras sur-le-champ, même si j'avais donné la consigne de ne recevoir personne.

— Ce sera fait, monsieur le comte...

Ces paroles s'échangeaient entre le maître et le valet tout en franchissant la distance qui séparait le vestibule de la chambre à coucher de M. de Thonnerieux.

Jérôme aida celui-ci à se débarrasser de son pardessus, et comme en ce moment six heures sonnaient, il lui dit :

— Le dîner de M. le comte est certainement servi.

— Oui, mon bon Jérôme, il doit l'être, car Lambert est réglé comme un chronomètre... — Je vais serrer quelques papiers que j'ai dans mon portefeuille, et je passerai à la salle à manger... — Va...

Jérôme sortit.

M. de Thonnerieux ouvrit le tiroir d'un meuble, y plaça son agenda et le petit étui contenant la fiole d'encre rouge et le porte-plume dont il s'était servi dans la salle de travail de la Bibliothèque nationale.

Ceci fait, il gagna la salle à manger où Jérôme l'attendait, prêt à enlever le couvercle de la soupière d'argent armoriée.

Le vieillard s'assit, et sans le moindre appétit commença son repas.

Avant de continuer notre récit, nous devons en quelques lignes rapides mettre nos lecteurs au courant des origines et des antécédents de ce vieillard que nous leur avons montré brisé par le chagrin et appelant de tous ses vœux une mort prématurée.

Issu de l'une des plus nobles et des plus riches familles du Languedoc, le comte de Thonnerieux avait fait ses études à Paris.

Doué d'un esprit observateur fin et délicat, d'une âme douce, aimante, charitable, il s'était pris pour l'humanité, surtout pour l'humanité souffrante, d'une tendresse toute particulière, et comme d'autres se vouent à la carrière des armes, aux beaux-arts, à l'industrie, au commerce, il s'était voué à l'étude de l'humanité, cherchant sans cesse les moyen de l'améliorer et d'en soulager les misères.

Dès sa première jeunesse, des pauvres en grand nombre lui devaient déjà un bien-être relatif; des désolés lui devaient la consolation; des désespérés lui devaient l'espérance.

Philanthrope dans la meilleure et dans la plus large acception du terme, il rêvait le moyen de donner à ses semblables une somme de bonheur aussi large que possible.

Il avait écrit sur ce sujet plusieurs livres fort sensés, très raisonnables, ne sentant pas trop l'utopie, et traitant sous une forme suffisamment pratique la question si grave de l'extinction du paupérisme.

Ces ouvrages remarquables et remarqués lui avaient valu le ruban d'abord, puis la rosette de la Légion d'honneur, qu'il portait avec une fierté légitime, mais sans toutefois s'en enorgueillir outre mesure.

Le comte avait fondé des caisses de secours, des établissements d'alimentation gratuite, des asiles.

De ses deniers il payait l'éducation de bien des enfants pauvres, à une époque où l'instruction n'était pas encore non moins gratuite qu'obligatoire.

Jamais, quoiqu'il y fût appelé plus que personne par sa naissance, par son éducation, par sa fortune, par ses travaux, il n'avait voulu accepter aucune fonction publique honorifique.

Il lui aurait semblé diminuer sa charité en la rendant en quelque sorte officielle.

Au moment où il atteignait trente ans, plusieurs héritages étaient venus augmenter, dans de larges proportions, sa fortune déjà considérable.

Ses goûts simples, l'inattaquable régularité de sa conduite, lui avaient permis d'employer en œuvres de charité la presque totalité de ses revenus.

A quarante-cinq ans, il restait l'unique représen

tant de sa maison, n'ayant plus de parents proches ou éloignés.

Sa fortune atteignait alors le joli chiffre de dix millions, représentant cinq cent mille francs de rentes, à une époque où les placements à *cinq* s'offraient de toutes parts aux gens sages se contentant d'un minimum de revenus, pourvu que le placement fût, comme on dit, *de tout repos*.

Jamais jusqu'a cette époque Philippe de Thonnerieux n'avait songé à se marier.

Ses occupations philanthropiques remplissaient sa vie sans laisser place à un seul moment d'ennui, et les joies qu'il faisait naître autour de lui l'empêchaient de penser qu'il pouvait en éprouver d'autres, bien autrement intimes et bien autrement vives — celles de la famille.

Un incident inattendu vint modifier tout à coup ses idées.

Le comte avait pour amie la vicomtesse de Rouvray, femme excellente et distinguée sous tous les rapports, mais fort inhabile en ce qui concernait la gestion de ses intérêts pécuniaires.

Malgré les sages conseils donnés par ses amis, madame de Rouvray avait compromis d'abord, puis englouti la totalité de sa fortune dans de maladroites opérations de Bourse.

Le courage lui manqua pour survivre à cette fortune, pour se plier à des privations de toute nature après avoir me.... une existence de luxe ; elle mourut de chagrin, laissant orpheline et presque dans la misère sa fille unique, âgée de vingt-deux ans.

On se souvient du distique écrit par Voltaire au bas d'une statue du petit dieu Cupidon, fils de Vénus :

> Qui que tu sois, voilà ton maître,
> Il l'est, le fut ou le doit être !

M. de Thonnerieux allait prouver une fois de plus l'indiscutable vérité de cet axiome.

N'ayant jamais su, — du moins par expérience, — ce que c'était que l'amour, il s'éprit brusquement de cette jeune fille qu'il avait vue mille fois sans se sentir touché au cœur par sa grâce et par sa beauté.

Suzanne de Rouvray, créature exquise, nature d'élite, joignait à une angélique pureté l'âme la plus charitable. — Elle avait comme Philippe la passion du bien, le fanatisme de la charité.

Une communauté d'idées et de principes réunissait déjà le comte et l'orpheline, on le voit.

En outre, Suzanne aimait Philippe autant qu'elle en était aimée, et depuis plus longtemps.

Elle devint comtesse de Thonnerieux aux applaudissements du monde qui trouva touchante cette union du grand seigneur immensément riche avec la fille de race sans dot.

Alors commença pour Philippe, en même temps que pour sa jeune femme, une ère de bonheur absolu.

Jamais le comte n'avait pu rêver félicité si complète, si rayonnante, et cette félicité grandit encore lorsque Suzanne mit au monde une petite fille qui reçut au baptême le nom de Marie.

Dans les transports de sa joie débordante, M. de Thonnerieux résolut de constituer une dot à chacun des enfants nés dans son arrondissement le même jour que sa fille.

A cet effet, il écrivit un testament dont nous ne tarderons guère à connaître les dispositions.

Marie grandit aux côtés de sa mère dont elle avait la beauté, le charme et le cœur.

Pendant dix-sept années, il n'y eut pas un nuage dans la félicité surhumaine du comte.

Hélas! le bonheur trop complet n'est pas de ce monde.

Aux ivresses sans mélanges devaient succéder les infortunes sans merci.

Suzanne atteinte en pleine force, en pleine santé, d'une méningite aiguë, mourut en quelques heures.

Le désespoir du comte fut effrayant. — Philippe aurait voulu suivre Suzanne dans la tombe, mais sa fille lui restait et pour elle il fallait vivre.

Six mois après avoir emporté sa mère, un mal foudroyant emportait Marie.

Le comte restait seul au monde.

Nous n'entreprendrons pas de décrire ce qui se passa dans son âme. — Ce fut une épouvantable crise, atténuée cependant par cette pensée que désormais rien ne l'empêchait plus de mourir.

Mais les principes de M. de Thonnerieux ne lui permettaient pas de détruire, en se suicidant, l'œuvre de Dieu.

Ceci importait peu.

La douleur ferait ce que sa main ne pouvait faire et le délivrerait bien vite.

En quinze jours le comte se voûta, ses joues se creusèrent, ses cheveux blanchirent.

Au bout de six mois, ses amis avaient peine à le reconnaître.

Au bout d'une année, il était devenu le vieillard plus qu'octogénaire en apparence que nous avons présenté à nos lecteurs au début de ce récit.

Il s'immobilisait dans son chagrin farouche, vivant avec ses souvenirs, sentant sa fin se rapprocher chaque jour, et la trouvant trop lente.

Ses forces l'abandonnaient; il s'éteignait et, quand il se sentait le lendemain un peu plus faible encore que la veille, ses lèvres murmuraient avec une sorte de joie sombre :

— Enfin ! enfin ! je vais les revoir !...

IV

Après avoir achevé son repas, qui ne se prolongea guère car nous savons qu'il n'avait pas d'appétit, M. de Thonnerieux quitta la table et regagna son cabinet de travail où Jérôme le suivit.

— J'espère bien que monsieur le comte ne va pas se mettre à écrire ce soir... — dit le vieux serviteur à qui l'affection qu'il portait à son maître faisait oublier les strictes convenances et la correction absolue d'un valet de grande maison.

— Si, mon bon Jérôme, mais pas plus de quelques instants... — répondit Philippe.

— Mieux vaudrait que monsieur le comte se reposât tout de suite...

— J'ai différentes choses à mettre en ordre.

— Monsieur le comte ne pourrait-il me charger de ce soin ?

— C'est impossible... — Va, Gérôme... Je te sonnerai quand j'aurai besoin de toi pour me mettre au lit... ne viens auparavant sous aucun prétexte.

— Ce sera-t-il bientôt, au moins, que monsieur le comte me sonnera ?

— Oui, bientôt.

— Monsieur le comte a tant besoin d'un peu de sommeil ! — Si monsieur le comte ne me sonne pas assez vite, je reviendrai d'office.

— Je te le défends...

Jérôme sortit en secouant la tête.

M. de Thonnerieux s'assit devant son bureau, sur lequel il appuya ses coudes, et il enfouit son visage dans ses mains pour réfléchir.

Où allaient en ce moment les pensées de ce pauvre martyr de son cœur ?

Toujours au même lieu... — à ce cimetière, où sous le monumental tombeau de famille reposaient ses chères mortes, et avec elles toutes les joies de sa vie, tous les espoirs de sa vieillesse.

Il resta ainsi longtemps, pensif, absorbé dans ses souvenirs.

De grosses larmes coulaient sur ses joues sans qu'il en eût conscience.

La nuit était venue.

Tout à coup la porte s'ouvrit sans bruit et Jérôme entra doucement.

Philippe de Thonnerieux releva la tête.

— Que me veux-tu ? — demanda-t-il.

— Il me semblait que monsieur le comte avait sonné... — répondit avec aplomb le vieux domestique.

— Je n'ai pas sonné, mais puisque te voilà, donne-moi de la lumière.

— J'espère bien que monsieur le comte a terminé son travail, — fit Jérôme après avoir allumé et posé sur le bureau un flambeau à deux branches.

— Non, pas encore, mon ami...

Sous le feu des bougies le valet regarda son maître.

Il vit l'expression sombre du visage, les paupières rougies, les joues mouillées par les larmes récentes.

— Ah ! mon Dieu ! — s'écria-t-il d'une voix émue, — monsieur le comte a pleuré ! !

— Tu te trompes...

— Malheureusement non, je ne me trompe pas !...

— Je ne pleurais point... je pensais... — balbutia le vieillard.

— A mes chères maîtresses... à elles... toujours à elles... Mais avec ces souvenirs poignants, sans cesse évoqués, monsieur le comte empêche les blessures de son cœur de se cicatriser... Monsieur le comte se tue...

— Et quand cela serait ? — Tu sais bien que la

mort ne m'effraye pas... qu'elle m'attire... Tu sais bien qu'elle sera pour moi la délivrance... et mieux encore, la réunion !! — Mon bon Jérôme, laisse-moi...

Le valet de chambre s'inclina et sortit en essuyant à son tour ses yeux humides.

Quand le bruit de ses pas se fut perdu dans l'éloignement le comte se leva, prit le flambeau et s'approcha en chancelant d'une porte qu'il ouvrit.

Cette porte donnait accès dans une vaste pièce dont il franchit le seuil avec une émotion manifeste.

Les tentures épaisses des fenêtres étant abaissées devaient y créer, même en plein jour, une obscurité profonde.

Au fond, sur une estrade élevée de quelques marches, se trouvaient deux lits voilés de crêpes noirs et surmontés chacun d'une sorte de dais d'où tombaient des draperies de deuil.

A la droite et à la gauche de ces couches funèbres, car, dans l'une, la mère était morte, et dans l'autre, la fille, deux portraits en pied, de grandeur naturelle, celui de la comtesse et celui de Marie de Thonnerieux, étaient suspendus à la muraille.

Le comte déposa son flambeau sur un meuble et, traversant la pièce que cette pâle lueur éclairait à peine, alla s'agenouiller sur l'estrade, entre les deux lits.

Les sanglots de ce vieillard, si violents, que par moments ses épaules se soulevaient convulsivement, auraient fait mal à entendre.

Les gémissements exhalés par ses lèvres tremblantes auraient attendri le cœur le plus dur.

Longtemps il resta prosterné, priant et pleurant, les genoux collés au tapis noir de l'estrade, puis il releva la tête, et tendant ses mains amaigries vers les deux images muettes qui lui semblaient concentrer sur lui leurs regards, il bégaya d'une voix presque indistincte :

— Chères bien-aimées, j'avais mis en vous toute ma vie... En me quittant, vous l'avez emportée... l'heure est venue... la lutte est finie... Vous ne m'appellerez plus guère désormais... Attendez-moi... je vais aller à vous...

Sa voix s'éteignit tout à fait.

Il laissa retomber sa tête sur sa poitrine, pria de nouveau puis, se redressant après avoir contemplé une dernière fois dans la pénombre les deux portraits chéris, il reprit le flambeau et regagna son cabinet.

— Allons, — dit-il presque à voix haute en reprenant sa place devant son bureau, — ce n'est point une illusion et, grâce à Dieu, ma fin est proche. — Il est temps d'assurer l'exécution de mes volontés dernières. — Puisque je n'ai point d'héritiers de mon nom ni de mon sang, puisque je reste seul au monde, je dois faire de ma fortune, après ma mort, un usage semblable à celui que j'en ai fait pendant ma vie...

En parlant ainsi M. de Thonnerieux ouvrit l'un des tiroirs de son bureau et il en tira une large enveloppe fermée de cinq cachets noirs sur laquelle se lisaient ces mots en grosses lettres :

CECI EST MON TESTAMENT

— Cet acte est à refaire, ou tout au moins à modifier, — murmura le comte en tranchant avec un canif la partie supérieure de l'enveloppe, et en parcourant du regard la feuille de papier timbré qu'elle renfermait. — Ceci ne concernait que les enfants venus au monde le jour de la naissance de Marie ; les circonstances ne sont malheureusement plus les mêmes, je dois prendre des dispositions nouvelles...

Il déchira le testament qu'il tenait à la main, en jeta les morceaux dans la cheminée où l'on entretenait un feu doux, malgré l'élévation de la température extérieure, — l'état de santé de M. de Thonnerieux l'exigeait, — et lorsqu'il eut vu le dernier fragment réduit en cendres, il étala sur son bureau une feuille double de papier timbré à côté de laquelle il plaça la petite fiole d'encre vermeille dont nous l'avons vu se servir à la Bibliothèque pour annoter les *Mémoires du sieur de Laffémas.*

Ceci fait, il fouilla l'un des tiroirs du bureau et il en sortit plusieurs liasses de papiers soigneusement étiquetées, renfermant des comptes, des inventaires, des titres de propriété.

Le comte dénoua les liasses et feuilleta les papiers, n'accordant à la plupart qu'une attention distraite, s'arrêtant au contraire à quelques autres et les étudiant minutieusement.

L'un d'entre eux, surtout, parut l'intéresser vivement.

Ce document, qui se recommandait tout d'abord par une écriture merveilleusement belle et d'une rare élégance, portait en tête de la feuille ces mots : *Domaine de Sancerre*.

C'était la nomenclature des immeubles que M. de Thonnerieux possédait à Sancerre, avec l'évaluation de leurs revenus en argent et en nature.

Une colonne spéciale renfermait des observations relatives soit aux biens eux-mêmes, soit aux fermiers qui les exploitaient.

— Voilà un travail remarquable sous tous les rapports, — se dit le vieillard après avoir lu jusqu'au bout le document en question. — Il est de ce malheureux Pascal Saunier, qui fut mon secrétaire pendant deux années... Etrange garçon! Merveilleusement doué, mais d'une nature foncièrement mauvaise! — Son intelligence brillante égalait sa perversité! — Je m'intéressais beaucoup à lui... J'ai fait tout au monde pour l'arrêter sur la route dangereuse qu'il suivait... — Mes bons conseils ont été perdus... — A vingt-trois ans, une condamnation à trois années de prison pour crime de faux le frappait, brisant sa vie et fermant devant lui tout avenir honnête... — Certaines gens viennent au monde avec l'instinct du mal, et de cet instinct rien ne triomphe ! — Pascal Saunier était de ceux-là ! — L'époque de sa libération approche... — Une fois sorti de prison, que fera-t-il ? — Hélas ! rien de bon, j'en ai peur, ou plutôt j'en suis sûr... — Il viendra me voir pour me prodiguer les belles paroles, les assurances de repentir dont pas une ne sera sincère... — Si je vis encore, je lui donnerai quelque argent... Si je ne suis plus de ce monde...

Le comte s'interrompit, puis au bout d'un instant il ajouta :

— Ce malheureux Pascal a été à mon service... Je dois quand même lui venir en aide... — Eh bien ! je ferai mon devoir...

Le vieillard ayant achevé de feuilleter les liasses et mis à part quelques-uns des papiers qu'elles renfermaient, trempa dans la fiole d'encre rouge une plume d'or, — (il n'avait jamais pu s'habituer à se servir de plumes de fer), — et écrivit rapidement, d'une main ferme, les lignes suivantes :

« Moi, Philippe-Armand, comte de Thonnerieux,

3.

sain d'esprit, sinon de corps, j'exprime en ce testament olographe mes volontés dernières, et je nomme maître Pérollet, notaire à Paris, en qui j'ai toute confiance, mon exécuteur testamentaire.

» Ma fortune se divise en deux parties, l'une connue, l'autre ignorée.

» La fortune connue s'élève à cinq millions neuf cent mille francs, se décomposant ainsi qu'il suit :

1° Mon hôtel du faubourg Saint-Germain, situé rue de Vaugirard, à l'angle de la rue Bonaparte, et occupant, avec ses jardins et dépendances, une superficie de trois mille mètres. Valeur, environ. . . . . Fr.   700,000

2° Le mobilier, les tapisseries des Gobelins, de Beauvais et des Flandres, les tableaux, statues, objets d'art, porcelaines anciennes, bibliothèque, argenterie de famille, garnissant ledit hôtel, plus les chevaux, voitures et harnais. . . . . Fr.   400,000

3° Un immeuble de produit, de construction moderne, à trois corps de logis et deux cours intérieures, situé rue de Rivoli. . . . . Fr.   1,200,000

4° Un autre immeuble de produit, situé rue des Pyramides. . . . . . Fr.   900,000

5° Mon château des Granges de Mer-la-Fontaine, son mobilier meublant, son parc, et les bois, prairies et fermes dont se composent les domaines en dépendant............... Fr. 950,000

6° Mes domaines de Sancerre, composés de maisons d'habitation et dépendances, terres et prés, divisés en six fermes............... Fr. 700,000

7° Valeurs de portefeuille, actions et obligations des chemins de fer français, du Crédit foncier, de la ville de Paris, rentes françaises, obligations des chemins de fer étrangers......... Fr. 800,000

8° Espèces d'or et d'argent et billets de banque, en mon hôtel...... Fr. 350,000

Total...... Fr. 5,900,000

» A l'heure où j'écris mes volontés dernières, n'ayant aucuns parents proches ou éloignés à qui je causerais un préjudice en les déshéritant, je me crois le droit et le devoir de disposer de ma fortune ainsi qu'il suit:

» Je donne et lègue:

» 1° A la ville de Paris, mes immeubles du faubourg Saint-Germain, de la rue de Rivoli et de la rue des Pyramides, ainsi que mes valeurs françaises et étrangères, formant ensemble la somme de trois millions trois cent mille francs, à la charge pour ladite ville de Paris, représentée par son conseil municipal, de faire construire, dans l'emplacement qu'elle choisira *intra-muros*, un asile de nuit dans les mêmes conditions que celui de la rue de Tocqueville.

» 2º A la ville de Sancerre les domaines que je possède sur son territoire, à la charge par elle de fonder dans l'hôpital de ladite ville une salle de quatorze lits réservés aux vieillards, nés dans l'arrondissement et dont l'état d'indigence sera notoire.

» 3º A la commune des Granges de Mer-la-Fontaine où je suis né, le château et les immeubles situés sur son territoire, à la condition expresse que pendant six années, à partir du jour de l'ouverture de mon testament, les cultivateurs qui tiennent mes fermes à bail continueront à les exploiter sans avoir à payer de redevance.

» La commune ne prendra possession du château que dix-huit mois après le jour de mon décès.

» Elle devra le transformer en un lieu d'asile et de repos, entretenu avec les revenus des domaines, et où seront admis les infirmes et les vieillards indigents de l'arrondissement.

» 4º A madame la comtesse de Chatelux, née Georgine de Graves, le mobilier, les tapisseries, tableaux, statues, objets d'art, porcelaines, bibliothèque, argenterie de famille, garnissant mon hôtel de la rue de Vaugirard, et de plus les chevaux et les voitures.

» 5° A mon vieux et fidèle valet de chambre, Jérôme Villard, une somme de cinquante mille francs.

» 6° A chacun de mes six autres domestiques : Claude Perrin, Michel Bordier, Jacques Firmin, Sébastien Marcel, Ursule Armand, Benoîte Vernier, vingt mille francs,

» 7° Cent mille francs pour être distribués aux pauvres de mon arrondissement par les soins de l'assistance municipale de cet arrondissement.

» 8° Cinquante mille francs pour l'entretien du tombeau de famille où reposent ma chère fille et ma femme bien-aimée, et où je vais aller reposer moi-même.

» 9° Dix mille francs à Pascal Saunier, mon ancien secrétaire, sortant des prisons de Nîmes, afin qu'il puisse entreprendre quelque chose, essayer de vivre honnêtement en travaillant, et ne pas retomber dans les errements qui lui ont été si funestes.

» 10° Dix mille francs pour les frais de mon enterrement. »

Après avoir écrit tout ce qui précède en consultant les notes et les papiers divers étalés devant lui, M. de

Thonnerieux s'arrêta brisé de fatigue comme après un labeur excessif.

Des gouttes de sueur perlaient sur ses tempes.

Sa main tremblait.

Il déposa sa plume et, se renversant en arrière dans son fauteuil pour respirer plus librement, il essuya son front humide et ferma les yeux.

Pendant près d'un quart d'heure il demeura ainsi ; son immobilité complète, ses paupières abaissées, auraient pu faire croire qu'il dormait, mais il n'en était rien.

Quand il se sentit assez reposé, le vieillard rouvrit les yeux, reprit sa plume, se pencha de nouveau vers le bureau et s'apprêta à continuer le travail interrompu.

V

Sur la feuille de papier timbré, à demi pleine déjà, et juste au-dessous de la dernière ligne, relative aux frais de son enterrement, M. de Thonnerieux traça ces deux mots qu'il souligna :

FORTUNE IGNORÉE

Puis il poursuivit :

» Quant à ma fortune ignorée, elle atteint le chiffre de quatre millions huit cent mille francs, représentés par des billets de la banque de France. — Les six portefeuilles qui contiennent ces billets, partagés en sommes égales de huit cent mille francs, sont renfermés dans un endroit secret.

» Ici, et pour ne pas laisser après moi la réputation d'un homme au cerveau mal équilibré, je dois expliquer les motifs de ma conduite.

» A l'âge de quarante-cinq ans, seul comme je le suis aujourd'hui, n'ayant pas de parents proches ou éloignés, par conséquent aucun héritier naturel, je me pris d'amour pour une jeune fille orpheline, sans fortune, que j'épousai.

» J'avais le légitime espoir qu'en m'unissant par mariage à Suzanne de Rouvray, jeune, charmante et adorée, je me verrai revivre dans mes enfants.

» En effet, une année après cette union sur laquelle je fondais tous les espoirs de ma vie, Suzanne de Rouvray, comtesse de Thonnerieux, me donna une fille.

» Cette naissance m'enivra d'une joie si profonde que je résolus d'en témoigner ma reconnaissance à Dieu en la faisant partager à d'autres.

» Un moyen se présentait d'atteindre ce but, c'était d'assurer une fortune à tous les enfants qui, dans l'arrondissement que j'habitais, seraient nés le même jour que ma fille Marie.

» D'accord avec madame de Thonnerieux, je disposai à cet effet d'une somme importante que je grossis plus tard quand le malheur eut fait le vide dans ma maison, et qui est aujourd'hui de 4,800,000 francs.

» Les enfants inscrits sur les registres de l'état civil du sixième arrondissement de Paris comme venus au monde à la même date que ma fille étaient au nombre de six. Donc une somme de 800,000 francs se trouve acquise à chacun d'eux et je dois lui verser cette somme le jour de sa majorité.

» Si je venais à mourir avant l'époque où ils atteindront cette majorité, la part d'héritage afférente à chacun leur serait remise par mon exécuteur testamentaire.

» Voulant soustraire des capitaux que je considérais comme ne m'appartenant plus aux chances de pertes si nombreuses à une époque troublée par des révolutions continuelles, désireux d'éviter qu'ils puissent être compromis et diminués dans les placements sûrs en apparence, mais aléatoires en réalité, j'ai trouvé sage de sacrifier les intérêts pour assurer l'intégralité du capital. J'ai pris mes mesures en conséquence.

» Un mois après la naissance de ma fille, j'appelai près de moi successivement les chefs de famille des six enfants inscrits au registre des naissances de mon arrondissement et, sans leur révéler le chiffre de la somme à toucher, je remis à chacun une pièce d'or, ou plutôt une médaille commémorative frappée tout exprès, qui devait être donnée par lui à son enfant pour que, vingt et un ans plus tard, celui-ci la présentât, soit à moi, soit à mon exécuteur testamentaire.

» Ces médailles portent sur une face un numéro

d'ordre, le millésime de l'année et la date du jour de la naissance de ma fille ; — sur l'autre face, le numéro d'ordre répété, et trois mots gravés au-dessus les uns des autres.

» Sur la présentation de cette médaille et des pièces établissant son identité, chaque enfant touchera la somme à lui affectée par mon testament.

» Si j'ai cessé de vivre à cette époque, mon exécuteur testamentaire aura mission de mander auprès de lui les intéressés ; — il prendra les six médailles, ainsi que celle placée dans le coffret où je dépose mon testament, et, les rangeant l'une à côté de l'autre par numéros d'ordre, il pourra lire trois lignes formées par les mots gravés sur chaque médaille.

» Les phrases constituées par ces trois lignes indiqueront l'endroit où se trouvent cachés les quatre millions huit cent mille francs.

» Si, lors de l'ouverture de mon testament, l'un ou plusieurs des héritiers n'existaient plus, la part où les parts des décédés seraient partagées également entre tous les survivants.

» Il faut tout prévoir : — si, par le fait du décès de l'un ou l'autre de ces enfants, une ou plusieurs médailles venaient à manquer et empêchaient de reconstituer les phrases indiquant l'endroit où se trouve la fortune, mon notaire, qui est mon exécuteur testamentaire, se rendrait à la salle de travail de la Bibliothèque nationale, et demanderait communication d'un volume intitulé : *LE TESTAMENT ROUGE, mémoires du sieur de Lafférnas pour servir à l'histoire de Son Eminence le cardinal de Richelieu, premier ministre de Sa Majesté très chrétienne le roy Louis XIII,* — *publié à Amsterdam*, anno Domini 1674.

» Etant en possession de ce volume, il l'ouvrirait à la vingtième page et réunirait en une seule ligne les mots et les lettres qu'il y verrait soulignés à l'encre rouge. — Il continuerait le même travail sur les trois pages suivantes, et les mots alignés formeraient les trois phrases gravées sur les médailles, phrases qui lui indiqueraient clairement l'endroit où se trouve déposée la fortune des six enfants.

» Je le répète, tout enfant se présentant le jour de sa majorité avec la médaille commémorative, devra être muni en même temps de son acte de naissance et d'une pièce authentique établissant son identité.

» A l'heure où j'écris et où je signe ce testament les six enfants appelés à se partager les quatre millions huit cent mille francs sont vivants encore, cela résulte d'informations prises à une date récente.

» J'inscris ici leurs noms et leurs adresses actuelles, en suivant les numéros d'ordre des médailles qui leur ont été remises. — Grâce à cette précaution, les recherches de mon exécuteur testamentaire se trouveront simplifiées.

» N° 1. — Le comte Fabien de Chatelux, fils de Jean de Chatelux, décédé, et de Georgine de Graves. — Rue de Tournon, 19.

» N° 2. — (La médaille portant ce n° 2 est celle qui se trouve déposée avec mon testament.)

» N° 3. — René-Didier Lébarre, fils de Didier Lébarre, avocat décédé, et de Marie-Thérèse Fauvel, rue du Cherche-Midi, 52.

» N° 4. — Amédée Duvernay, fils de Nicolas-Fulgence Duvernay, peintre en bâtiments, et de Célestine-Virginie Baudoin, rue de Vaugirard, 25.

» N° 5. — Prosper-Jules Boulenois, fils de Gratien Boulenois, menuisier, et de Jeanne Dupuis, rue des Récollets, 17.

» N° 6. — Marthe-Emilie Berthier, fille naturelle de Périne Berthier, résidant à Genève, route de Lausanne, n° 49.

» N° 7. — Albert-Paul Fromental, fils de Raymond Fromental, employé, et de Marie Fourny, décédée, rue Saint-Louis-en-l'Ile, 34.

» Fait à Paris, le vingt-deux mai 1879.

» *Philippe-Armand, comte de Thonnerieux.* »

Le vieillard déposa sa plume.

La double feuille de papier timbré se trouvait couverte d'écritures sur ses quatre pages.

Trois heures s'étaient écoulées depuis le moment où Philippe avait commencé à écrire ses dispositions dernières.

Plus écrasante encore que la première fois, la fatigue était revenue. Cependant le comte ne voulut pas prendre de repos avant d'avoir achevé ce qui lui restait à faire.

Il plia le papier timbré, le mit sous une enveloppe qu'il ferma avec cinq cachets de cire rouge à ses armes, reprit la plume, et sur cette enveloppe il traça, toujours à l'encre rouge, ces quatre mots : *Ceci est mon testament.*

Alors, après avoir replacé dans un tiroir de son bureau les notes et les documents dont il venait de se servir, il se dirigea vers un petit meuble italien de la Renaissance, l'ouvrit et en tira un coffret d'argent merveilleusement ciselé qu'il apporta sur son bureau.

La clef mignonne se trouvait à la serrure.

Il la fit tourner et souleva le couvercle.

Au fond du coffret, sur la garniture de satin couleur feu, se trouvaient trois liasses de cent billets de banque de mille francs chacune, et une autre de cinquante.

M. de Thonnerieux souleva ces liasses et retira une médaille d'or qu'elles cachaient.

Cette médaille, aussi brillante que si elle venait de recevoir à l'instant la *frappe* du balancier, offrait à peu près le module des pièces de cent francs, mises en circulation vers la fin du second Empire et presque introuvables aujourd'hui.

L'une de ses faces portait le chiffre *deux*, et au-dessous : *mil huit cent soixante — 10 mars*, ainsi disposés :

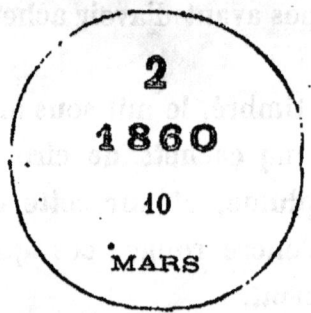

De l'autre côté, encore le chiffre *Deux*, et ces mots, placés les uns au-dessous des autres : *des — septième — comptant*.

Après avoir reproduit la face, nous reproduisons le revers.

Le comte regarda cette médaille pendant un instant, puis il la replaça dans le coffret avec les liasses de billets de banque. — Il y déposa son testament, referma le coffret, le remit dans le meuble où il l'avait pris et dont il retira la clef, qu'il serra dans un tiroir secret de son bureau; puis, succombant à la lassitude, il se laissa tomber, ou plutôt il s'écroula sur son fauteuil.

On frappa doucement à la porte.

C'était le vieux valet de chambre qui, lassé d'attendre inutilement que son maître l'appelât, et pris d'inquiétude, forçait résolument la consigne.

— Entrez ! — fit M. de Thonnerieux.

Jérôme parut.

— Monsieur le comte me permettra de lui dire qu'il se tue !... — murmura-t-il d'une voix émue.

— Nullement, mon ami... — répliqua Philippe.

— Monsieur le comte m'avait tant promis de ne point s'attarder !!

— J'avais des affaires importantes à mettre en ordre...

— Est-ce fini, du moins ?

— Oui... — et je vais me reposer... — il doit être tard...

— S'il est tard !... ah ! miséricorde, je le crois qu'il est tard !... — Quatre heures du matin !! — Et le feu de monsieur le comte est éteint !! Il fallait au moins m'appeler pour le rallumer.

— Je n'ai pas eu froid... — Allons, aide-moi à gagner mon lit...

Le vieux serviteur prit son maître par le bras, le conduisit à sa chambre à coucher, le déshabilla, et ne le quitta qu'après l'avoir bordé dans son lit comme un enfant.

Rien ne se pouvait imaginer de plus touchant que ces soins d'un vieillard pour un autre vieillard ; cette sollicitude venant du cœur et qui n'avait rien de servile.

M. de Thonnerieux eut beaucoup de peine à goûter un peu du repos dont il avait si grand besoin.
— Ses pensées noires, obsédantes, chassaient le sommeil, et c'étaient les insomnies, surtout, qui le brisaient. — Cependant, un peu avant le point du jour il s'endormit, mais les mêmes souvenirs qui le hantaient dans l'état de veille, le poursuivirent dans le sommeil sous la forme du rêve.

*
* *

Le 23 mai, c'est-à dire le lendemain du jour où s'ouvre notre récit, vers huit heures du matin, deux hommes sortant de la prison centrale de Nîmes descendaient la côte qui de la première grille de la maison de détention conduit aux promenades.

On sait que ces promenades font le tour de la ville.

Ces deux hommes respiraient à pleins poumons et avec délices l'air tiède et chargé de senteurs végétales d'une splendide matinée de printemps. — Ils semblaient avoir hâte de mettre entre eux et la prison une distance respectable.

Habillés convenablement, presque avec recherche, et l'un et l'autre de bonne tournure, ils offraient l'apparence de gens appartenant à la classe élevée et point du tout à la misérable population habituelle des maisons centrales.

C'est bien à cette classe qu'ils appartenaient cependant ; — ils sortaient du pénitencier de Nîmes où ils avaient passé l'un cinq ans, l'autre trois, et, leur temps de réclusion étant terminé, ils avaient vu lever leur écrou et s'étaient trouvés libres le même jour, à la même heure.

Le premier, un homme de trente-cinq ans environ, grand, bien fait, taillé en force, portait toute sa barbe, que sur sa demande on l'avait autorisé à laisser pousser quelques semaines avant sa libération ; — les autorisations de ce genre ne se refusent jamais.

Il offrait une physionomie superlativement intelligente, des traits fins et réguliers ; mais ses yeux très mobiles, — trop mobiles, — et d'un bleu d'acier, changeaient parfois brusquement l'expression de son visage et la rendaient presque effrayante.

Les lèvres minces semblaient continuellement sourire et découvraient ainsi les dents très blanches, un peu écartées les unes des autres.

Il se nommait Jacques Lagarde.

Il était médecin, et médecin très savant.

Sa condamnation à cinq années de prison avait eu pour motif sa complicité dans une affaire ténébreuse de succession où, d'accord avec l'héritier, il paraissait avoir abrégé la vie du testateur, un riche bourgeois de Joigny-sur-Yonne, son pays natal.

Le second libéré était de huit ans moins âgé que Jacques Lagarde. C'est assez dire qu'il atteignait sa vingt-septième année.

C'était, lui aussi, un grand et beau garçon bien bâti, bien découplé, au visage remarquablement beau, au teint d'une pâleur mate.

Sa chevelure brune, soyeuse et naturellement bouclée, un front élevé sur lequel rayonnait l'intelligence.

Les yeux très noirs, très grands, d'une coupe orientale qui s'harmonisait à merveille avec la chaude matité de teint, captivaient par leur expression de douceur tendre et rêveuse.

Une légère moustache couronnait les lèvres vigoureusement colorées par un sang riche.

L'expression habituelle de cette remarquable figure était mélancolique.

Ce libéré se nommait Pascal Saunier.

Il avait été condamné pour faux, par la cour d'assises de la Seine, en 1876, à trois années de prison.

Nos lecteurs connaissent déjà son nom, — ils l'ont vu relaté dans le testament du comte Philippe de Thonnerieux, dont Pascal Saunier avait été pendant quelque temps le secrétaire.

Ni l'un ni l'autre de ces hommes ne faisaient partie de cette tourbe ignoble de malfaiteurs, voleurs où assassins de bas étage, qui passent les trois quarts de leur existence dans les geôles.

Ils n'en étaient pas moins dangereux pour la société ; ils l'étaient plus encore, précisément à cause de leur supériorité.

Natures foncièrement perverses, ayant en germe dès l'enfance tous les mauvais instincts ; conduits par ces instincts dans le chemin du crime, et par le crime dans la prison où le contact des pires bandits avait achevé l'œuvre de démoralisation, ils se trouvaient en passe de devenir des héros de causes célèbres, des candidats à la déportation, d'autant plus redoutables que leur apparence, leurs manières, leur éducation, leur permettaient de s'introduire dans un monde absolument fermé à la plèbe des scélérats.

VI

La maison centrale de Nîmes comporte quatre divisions.

Pascal Saunier avait été, à son arrivée, placé dans la seconde, où Jacques Lagarde se trouvait déjà depuis deux ans.

Rapprochés par des origines communes, par une éducation et des habitudes semblables, par des sympathies de caractère et de manières de voir, ils s'étaient liés d'une étroite amitié.

Sachant qu'ils seraient mis en liberté le même jour, Jacques et Pascal s'étaient promis de ne se point séparer et d'unir leurs efforts pour se venger de la société qu'ils traitaient de marâtre et qu'ils accusaient d'avoir brisé leur avenir injustement, bien qu'elle n'eût fait que se défendre et user de son droit strict en leur appliquant les articles de la loi qui les visaient.

Le jour de la libération venu, ils n'avaient point oublié les projets formés aux heures sombres de la réclusion commune et ils sortaient ensemble, joyeux d'une joie sinistre, le cerveau rempli de plans redoutables, — les plans de la revanche !

Ah ! la société n'avait qu'à bien se tenir ! — Ils se sentaient armés de toutes pièces pour la combattre, et, cette fois, pour la vaincre, ils n'en doutaient pas !

Tous deux n'avaient été condamnés qu'à l'emprisonnement, sans surveillance, donc, en sortant de la maison centrale, ils s'étaient trouvés libres d'aller où bon leur semblait, toute action de la police cessant à leur égard à la minute précise où ils franchissaient la dernière grille de la maison centrale.

Au moment de la levée d'écrou, on leur avait remis leur *pécule*, c'est-à-dire la *masse* résultant pour eux du prix des travaux qu'ils avaient faits pendant leur séjour au pénitencier de Nîmes.

Tous deux se trouvaient par conséquent à la tête d'une somme plus que suffisante pour gagner l'endroit vers lequel ils jugeraient à propos de se diriger.

Pascal Saunier avait reçu trois cents francs.

Jacques Lagarde en avait touché près de cinq cents.

Rien de plus facile, par conséquent, que de faire face aux premières nécessités.

4.

En atteignant le boulevard sur lequel se greffe l'avenue conduisant à la maison centrale, les deux libérés firent halte et se regardèrent en se touchant la main.

— Libres ! Libres enfin ! — s'écria Pascal Saunier d'une voix tremblante d'émotion. — Que c'est bon, la liberté, et comme on l'apprécie quand on n'en a plus l'habitude... — Ça fait l'effet d'une maîtresse adorée qu'on avait perdue et qu'on retrouve ! Parole d'honneur, je ne n'ai pas assez de poumons pour respirer l'air pur du département du Gard !

— Ah ! je suis de ton avis ! — répliqua Jacques Lagarde en gonflant sa poitrine par une aspiration puissante. — Plus de murs gris qui vous étouffent au fond de ces fosses malsaines... — Plus de ces gardiens dont l'œil vigilant ne vous quitte pas et vous condamne au silence dans ces ateliers empestés où grouille la canaille de bas étage... — Nous sommes nos maîtres ! Nous pouvons crier ! Nous pouvons chanter et, ce qui vaut mieux, nous pouvons causer à cœur ouvert, sans craindre qu'un argousin nous épie !...

— Nous en profiterons... — fit Pascal, tout en jetant par habitude un coup d'œil autour de lui afin de se bien assurer qu'ils étaient seuls, — Nous avons des idées... de riches idées... Mais il s'agit de les faire passer du domaine de la théorie dans celui de la réalité.... il s'agit de leur donner une forme pratique... et cela nous était impossible là-bas.

— Pour le moment, j'émets une opinion... — fit Jacques Lagarde.

— Laquelle ?

— Allons déjeuner... — Il me tarde d'oublier l'*ordinaire* de l'administration, et même les *extras* de la cantine...

— Où irons-nous ? — je ne connais pas Nîmes...

— Moi je le connais... — Nous irons au restaurant de l'hôtel du Chemin de fer, où nous serons bien servis et pas trop écorchés...

— Montre-moi le chemin...

L'ex-secrétaire du comte Philippe de Tonnerieux passa son bras sous celui du médecin, et tous deux remontrèrent le boulevard jusqu'à la grande place sur laquelle s'élève la gare.

L'hôtel-restaurant désigné se trouvait à droite.

Les deux compagnons, qu'il était impossible de prendre pour des détenus fraîchement libérés, se firent donner un cabinet et s'installèrent devant un déjeuner de gourmets, arrosé de grands vins, sans se préoccuper de la dépense, évidemment hors de proportion avec le contenu de leur bourse.

Les premiers moments furent silencieux.

Le bruit des fourchettes et des mâchoires, le tintement cristallin des verres fréquemment choqués, remplaçaient la conversation.

Mais quand les appétits, surexcités par la bonne chère, commencèrent à s'apaiser, Pascal Saunier entama ou renoua l'entretien en ces termes :

— Ainsi donc, mon cher Jacques, il est bien entendu que nous ne nous quitterons point... — Nous avons partagé les mauvais jours, nous avons appris à nous bien connaître, nous savons que nous sommes faits l'un pour l'autre et que nous nous complétons l'un par l'autre. Alliance offensive et défensive contre la société dont nous sommes créanciers, puisqu'elle nous a causé le plus grave préjudice, et qui nous payera sa dette avec de gros intérêts !

Une flamme passa dans le regard vacillant de Jacques Lagarde, et un sourire d'une indéfinissable expression crispa ses lèvres.

— C'est convenu ! — dit-il, — c'est juré !... — Nous sommes gens assez pratiques, nous avons assez d'intelligence et assez peu de préjugés pour arriver à la fortune par les chemins rapides. — L'acheter au prix de longues années de fatigants labeurs, c'est la payer trop cher !

— Tu es d'avis, comme moi, qu'il n'est qu'un seul théâtre digne de gens de notre valeur ?

— Oui : — Paris.

— Donc, nous filons droit sur Paris...

— Parbleu !...

— Là nous trouverons des terrains aurifères plus féconds à exploiter que les plus riches *placers* de la Californie ; mais, je te l'ai déjà dit, si nous voulons commencer dans de bonnes conditions, il ne faut pas que nous traînions la misère ! ! — il importe de jeter de la poudre aux yeux des imbéciles pour leur inspirer confiance !... C'est là une vérité si vieille qu'elle ressemble à un lieu commun ! — Ça se répétait déjà du temps de Rabelais. C'est le *paraistre* qui en impose aux foules. Devant l'intrigant doré, fût-ce par le procédé Ruolz, toutes les échines se courbent, et nulle porte ne s'ouvre au pauvre diable bêtement honnête qui porte chausses désemparées et pourpoint troué au coude !... Arrangeons-nous donc de façon à n'être point réduits aux expédients en arrivant là-bas... — Quinze jours me suffiront pour mettre au point l'un des projets que j'ai conçus, mais pendant ces quinze jours il faut faire bonne figure... il faut obéir aux exigences de la vie parisienne.

— Ce sera difficile... — murmura Jacques Lagarde.

— Eh ! si c'était facile, où serait le mérite ? — Angèle, une vieille amie dont je t'ai souvent parlé, et qui m'envoyait chaque mois un peu d'argent à la maison centrale, nous recevra, j'en suis sûr, mais les faibles bénéfices de son commerce, — (elle est marchande à la toilette), — ne lui permettront que des sacrifices limités... — Néanmoins elle pourra, dans la suite, nous être fort utile... Nous possédons, en mettant en commun nos deux *masses*, une somme de huit cents francs... — Notre déjeuner aujourd'hui et notre voyage payés, notre garde-robe renouvelée, il ne restera pas grand'chose de cette maigre somme. Donc, il serait bigrement utile de trouver quelque moyen d'arrondir un peu notre boursicot avant d'arriver à Paris...

Jacques Lagarde buvait à petites gorgées, avec recueillement, un verre de vin de Pontet-Canet de l'année 1874.

Il reposa son verre sur la table en s'écriant :

— Ici, je t'arrête !... — l'opinion que tu viens d'émettre en dernier lieu n'est point du tout la mienne ! — Non !... non !... pas de misérables petites affaires qui ne pourraient nous enrichir, mais pourraient fort bien en revanche nous renvoyer d'où nous venons... — Fi de la carotte !... — Jouer gros jeu, en bisautant les cartes, je ne connais que ça ! — *Tout ou rien !* voilà ma devise. — Tu m'as parlé d'une sérieuse opération... une opération qui peut donner pas mal de centaines de mille francs... — C'est par celle-là qu'il faut commencer...

— D'accord, mais c'est à Paris que je tenterai la fortune...

— Puisque nous allons à Paris...

— Comment attendre en faisant figure ?... — Le problème subsiste.

— Je puis le résoudre... — Nous aurons le temps d'attendre que tu agisses...

— Tu trouveras de l'argent ?

— Oui.

— Combien ?

— Quinze mille francs. — Est-ce assez ?

— C'est plus qu'il ne faut... beaucoup plus...

— Eh bien ! compte sur quinze mille francs.

— Où diable les dénicheras-tu ?... — A Paris ?

— Non, mais à Joigny, mon pays natal...

— Explique-toi.

— C'est bien facile, et ce sera court... — Pendant mon séjour à la maison centrale de Nîmes, mon père est mort... — J'ai reçu, il y a quelques semaines, une lettre du notaire qui, sachant que j'allais avoir fini mon temps, m'engageait à me rendre à Joigny dès que je serai libre, pour y toucher l'héritage paternel. — Or, le chiffre de la succession s'élève à la somme de quinze mille et quelques cents francs...

— Tous mes compliments ! — fit Pascal en remplissant les verres. — Voilà qui se trouve à merveille, et jamais succession ne fut ouverte plus à propos !! — Nous filons à Joigny ! — Tu passes chez ton notaire. — Honnête homme de notaire !... tu palpes les économies de feu monsieur ton père, et une fois lestés de ce viatique, en route pour Paris la grand'ville, où tes billets de banque feront des petits, je te le promets !!

— Pardieu !... j'y compte bien ! — En sortant de table, nous irons dans la ville faire quelques achats pour rafraîchir notre toilette et nous filerons ce soir vers la Bourgogne, le pays des grands vins.

Le déjeuner achevé, le café pris, les cigares allumés, Jacques et Pascal allèrent procéder à leurs emplettes, firent un tour de promenade pour tuer le temps en visitant les curiosités de la ville, la Tour-Magne, la Maison-Carrée, le jardin de la Fontaine, revinrent dîner au même restaurant où ils avaient déjeuné, et à sept heures et demie prirent le train qu'ils quittèrent à Lyon, le lendemain, pour monter dans l'express, d'où ils devaient descendre à deux heures du matin à la gare de Joigny-sur-Yonne.

Nous laisserons les deux libérés rouler, emportés par la vapeur sur les rails du chemin de fer, et nous les précéderons de vingt-quatre heures à Joigny.

Là nous gagnerons le faubourg du Pont, et nous franchirons le seuil d'une auberge de très modeste apparence, mais décente sous tous les rapports et proprement tenue.

Au second étage de cette auberge portant l'enseigne du *Martin-Pêcheur*, dans un logement composé de deux toutes petites pièces se trouvaient deux femmes, la mère et la fille...

La mère atteignait sa quarante-cinquième année. La fille en avait dix-neuf.

Celle-ci, que l'on nommait Marthe-Emilie Grandchamp, était une de ces créatures rayonnantes, resplendissantes, sur le passage desquelles, si correcte d'ailleurs que soit la modestie de leur attitude, les hommes se retournent avec une admiration passionnée, et les femmes avec un dépit jaloux.

Rien en effet ne pouvait dépasser la beauté complète, absolue, indiscutable, de cette enfant aux yeux couleur du ciel, aux cheveux d'un blond d'épi mûr, au visage d'un ovale exquis, aux traits idéalement purs et dont on retrouverait le type dans les visages les plus sublimes créés par le génie du divin Raphaël.

Et cependant cette figure si merveilleusement, si incomparablement belle, exprimait la mélancolie la plus profonde, les plus noires préoccupations.

Un nuage obscurcissait ce front digne de la statuaire antique.

Un pli douloureux contractait les lèvres, décelant une souffrance vive, sinon physique, du moins morale.

La jeune fille souffrait en effet. — Elle souffrait cruellement.

A l'heure où nous pénétrons dans le modeste logis de Périne Grandchamp, amaigrie, pâle comme une morte, étendue sur son lit et grelottant la fièvre, Marthe attendait avec impatience l'arrivée du médecin qui devait venir ce jour-là dès le matin, comme à l'ordinaire, et qui était en retard de trois heures au moins.

La jeune fille assise au chevet du lit regardait avec une indicible angoisse la pauvre femme, terrassée depuis quelques jours par un mal imprévu.

Le médecin ne se montrait ni rassuré ni rassurant.

A toutes les questions, il répondait :

— Impossible de me prononcer encore... Je crains des complications...

Or, ce mot de *complications*, Marthe ne s'y trompait point, avait dans l'esprit du médecin la signification la plus alarmante.

Cependant, comme il ne paraissait point désespérer tout à fait, la pauvre enfant s'efforçait d'espérer encore, mais ce vague espoir ne l'empêchait pas de souffrir au delà de ses forces.

La maladie, quelle que dût en être l'issue, se prolongerait à coup sûr.

Si l'issue était favorable, la convalescence serait longue. — Elle durerait des semaines, des mois peut-être.

Or, Marthe se demandait avec épouvante comment elle pourrait s'y prendre pour faire face, pécuniairement parlant, aux exigences de la situation.

La jeune fille aimait sa mère autant que sa mère l'aimait.

C'était entre les deux femmes un véritable culte, une adoration réciproque.

Le dénûment absolu, la misère noire, qui devenaient imminents, terrorisaient Marthe non pour elle-même, mais pour sa mère, dont la situation nécessitait des dépenses relativement importantes, auxquelles il allait être impossible de faire face.

De grosses larmes rougissaient les paupières, ternissaient les yeux si beaux de l'enfant, et roulaient sur ses joues.

Elle serrait entre ses mains et couvrait de baisers la main tantôt glacée, tantôt brûlante de la malade qui, dans un état d'absolue prostration, ne pouvait ni l'entendre ni la voir, ni sentir l'ardeur de ses baisers.

On frappa doucement à la porte du logement.

Marthe courut ouvrir.

Elle espérait voir apparaître le médecin.

Ce n'était pas lui, c'était le propriétaire de l'auberge du *Martin-Pêcheur*.

Il tenait de la main gauche une feuille de papier couverte d'écriture et de chiffres.

De la main droite il salua poliment en retirant sa toque de calicot blanc, car il remplissait les importantes fonctions de cuisinier dans sa propre maison.

VII

— Pardon si je vous dérange, mam'selle, — dit l'hôtelier, — je viens pour ma petite note... — c'est aujourd'hui le dernier jour de la huitaine, et vous savez que la règle de ma maison, une bonne règle, est de payer tous les huit jours... Tout le monde s'en trouve bien... quand les comptes montent trop haut, on a beau être à son aise... des fois, ça peut gêner...

Marthe était devenue très pâle ; mais elle eut assez d'empire sur elle-même pour ne point laisser sa figure trahir l'émotion qu'elle ressentait. — Elle étendit la main vers la note qu'on lui présentait et, d'une voix qui tremblait un peu, murmura :

— Donnez, s'il vous plaît...

L'hôtelier s'empressa de lui remettre le papier couvert de chiffres, sur lequel la pauvre enfant jeta les yeux.

— C'est dix-huit francs que je vous dois, monsieur... fit-elle ensuite.

— Dix-huit francs tout au juste, oui, mam'selle... — chambre et nourriture... Ce n'est pas cher!... — le *Martin-Pêcheur* est connu pour la modération de ses prix... il est vrai que vous ne mangez guère, et que votre pauvre maman ne mange pas du tout...

— Bien, monsieur, je vais vous payer... — Voulez-vous attendre un instant ici....

— A vos ordres, mam'selle.

La jeune fille entra dans la chambre de sa mère, fouilla le tiroir d'une commode, y prit un vieux porte-monnaie et l'ouvrit.

Ce porte-monnaie renfermait un louis d'or, trois pièces de vingt sous et cinq ou six gros sous.

Marthe regarda cette misérable somme avec une expression de terreur.

— La dernière! — bégaya-t-elle, en retirant la pièce de vingt francs de la case où elle se trouvait. — Et j'ai déjà mis au Mont-de-Piété ma montre et mes humbles bijoux!... Qu'allons-nous devenir?... Oh! ma pauvre mère!...

De grosses larmes jaillirent de ses yeux.

Elle les essuya vivement et retourna dans la première pièce auprès de l'hôtelier.

— Voici, monsieur... — dit-elle en lui tendant la

pièce de vingt francs. — Veuillez prendre ce qui vous est dû...

L'hôtelier empocha le louis, rendit une pièce de quarante sous et demanda :

— Comment va votre maman ce matin, mam'selle ? — Y a-t-il un peu de mieux ?

— Hélas, non !... la fièvre ne diminue point. Cela m'inquiète beaucoup...

— Le médecin n'est pas encore venu ?

— Pas encore... et je m'étonne de ce retard ! — il sait combien sa présence est nécessaire ici...

— Ça ne doit point être sa faute... — Il est très occupé. — On sera venu le chercher pour quelque cas urgent... Il arrivera tout à l'heure...

— Je l'espère...

— Vais-je vous apporter à déjeuner tout de suite ?... — Nous avons une bonne daube de bœuf aux légumes...

— Merci. — Je n'ai aucun appétit.

— Il ne faut pas vous laisser abattre comme ça, mam'selle !... — La fatigue et le chagrin, voyez-vous, ça tue tout aussi bien qu'une grosse maladie... — Mangez un peu, croyez-moi...

— Il me serait impossible de prendre en ce moment quoi que ce soit... je suis trop inquiète...

— Comme vous voudrez, mam'selle. — Dès que l'appétit viendra, vous m'appellerez.... — Toujours à vos ordres... — Pour des locataires comme vous, tranquilles, honnêtes, et qui payent *recta* leur note à la fin de la huitaine, on se mettrait en quatre de bon cœur...

Un sourire triste, qui n'était point exempt d'amertume, vint aux lèvres de la jeune fille.

L'hôtelier, n'ayant plus rien à dire, salua et fit un mouvement pour battre en retraite.

Marthe l'arrêta par cette question :

— Le facteur de la poste est-il passé ?

— Oui, mam'selle... — Sa première distribution est faite.

— Celle dans laquelle se trouvent les lettres venant de l'étranger ?

— Non, mam'selle... — Ces lettres-là, c'est pour la seconde distribution...

— A quelle heure a-t-elle lieu ?...

— Entre dix et onze heures, et il n'en est pas encore dix... — Vous attendez une lettre de l'étranger, mam'selle ?

— Une lettre pour ma mère, oui, monsieur. — Si elle arrivait, je vous serais très obligée de me la faire apporter sans retard...

— Je n'y manquerai pas...

L'hôtelier sortit.

— Hum — murmura-t-il tout en descendant l'esca-

lier, — ces deux femmes doivent attendre une lettre apportant de l'argent... je connais ça ! — Ces lettres-là n'arrivent jamais ! — oh ! mais jamais ! jamais !...
— Les fonds me paraissent bigrement bas ! — Ça ne m'étonnerait point qu'on m'ait donné tout à l'heure le dernier jaunet ! — Il y a une forte note de médicaments chez le pharmacien pour la mère... la fille se prive... je fais bien de ne pas laisser monter le compte...

Tandis que le propriétaire du *Martin-Pêcheur* monologuait ainsi, Marthe contemplait d'un air navré la pièce de quarante sous rendue sur le louis d'or, et les trois pièces de vingt sous que renfermait son porte-monnaie.

— Cinq francs ! — dit-elle douloureusement. — Cela et quelques sous, c'est tout ce qui nous reste !! — Et cette lettre n'arrive pas ! — Depuis trois semaines voilà trois fois que j'écris pour réclamer un argent qui nous appartient, et pas de réponse ! — qu'est-ce que signifie ce silence ?... J'ai peur... — Si ce banquier avait volé ma mère... non ! non ! — c'est impossible ! — Ce serais trop lâche... trop odieux... — La ruine complète... La misère noire... Ma mère privée de tout... Plus de pain ! — Je n'y veux pas penser...

En ce moment, une voix faible et brisée se fit entendre :

— Marthe... Marthe... — disait cette voix.

La jeune fille rentra vivement dans la chambre de la malade.

— Tu m'appelles, mère chérie ? — lui demanda-t-elle en l'embrassant.

— Oui, ma mignonne, — balbutia la pauvre femme, — j'ai soif... bien soif... il me semble que j'ai du feu dans la gorge...

Marthe remplit de tisane une tasse et la présenta à Périne Grandchamp qui la vida d'un trait.

— Comment te trouves-tu, ce matin, mère chérie ? — fit la jeune fille.

— Je crois que je vais un peu mieux, mignonne... quoique cependant la fièvre soit bien forte encore...

Une toux sèche accompagna ou plutôt suivit ces dernières paroles.

Marthe avait pris les mains de sa mère.

— Elles sont brûlantes, — fit-elle, — mais pourtant moins qu'hier... le mal va certainement céder...

— Il me semble que le docteur est en retard...

— Un peu, mais cela n'a rien d'étonnant, — il est très occupé... — Dans un moment il arrivera...

— Avec qui causais-tu donc tout à l'heure ?

— Tout à l'heure ?... — répéta la jeune fille avec embarras.

— Dans la pièce à côté... — J'entendais ta voix et une autre voix.

5.

— Ah ! oui... c'est vrai... je causais... — C'était avec le maître de cette auberge...

— Apportait-il une lettre de Genève ?... — demanda vivement Périne.

— Non, mère, pas encore...

— Pas encore ! — répéta la malade, — Comme c'est long !... — Pourquoi donc M. Darcier tarde-t-il tant à nous répondre ?

— Il est peut-être en voyage, et son représentant n'a pas reçu d'ordres...

— Oui... ce doit être cela... c'est cela certainement... M. Darcier est un honnête homme, et d'ailleurs il avait pour nous beaucoup d'affection... il ne voudrait pas nous tromper... attendons avec patience.

— Mon Dieu ! mon Dieu ! — pensait Marthe, — si elle se rendait compte de notre misère... si elle savait que nous ne pouvons plus attendre... Quelle douleur pour elle !

— Enfin, — reprit Périne, — que te voulait-t-il donc, le maître de l'auberge ?

Cette fois, il était nécessaire de répondre nettement.

— Il m'apportait sa note... — dit Marthe.

— Et tu l'as payée ?...

— Il le fallait bien...

— Mais alors, il ne doit pas te rester beaucoup d'argent, ma mignonne, ce me semble...

— Pas beaucoup c'est vrai, mère chérie, — répliqua Marthe avec un sourire navrant, — mais assez pour attendre la réponse de M. Darcier, et les mille francs que nous lui demandons...

— Cette lettre ne peut d'ailleurs tarder maintenant... — Tu ne déjeunes pas ?

Marthe tressaillit à cette question.

— Je déjeunerai plus tard, — dit-elle, — je ne me sens pas grand appétit. — Du reste, j'ai déjà pris ce matin une tasse de chocolat.

Tandis que la pauvre enfant mentait ainsi pour rassurer sa mère, son estomac criait famine.

Périne eut une nouvelle et violente quinte de toux, ce qui ne l'empêcha pas de dire :

— Je serai bientôt guérie, va, mon enfant... — D'ici à quelques jours j'irai mieux, et nous pourrons achever notre voyage interrompu si mal à propos par cette fâcheuse maladie !... Une fois à Paris, nous chercherons un petit fonds de modiste, nous le payerons comptant avec l'argent que j'ai confié à M. Darcier et qu'il nous enverra, et nous attendrons tranquillement ta majorité...

Un effrayant accès de toux coupa la parole à Périne.

— Oui... oui... mère, dit Marthe vivement, — tout ira bien... mais ne parlez pas trop... cela vous fatigue... cela vous fait tousser...

— Non, je t'assure... — Décidément je vais beaucoup mieux... — Ça me fait du bien de penser à ton avenir...

— Mon avenir... — répéta la jeune fille avec une sombre ironie.

— Mais, sans doute !... et un bel avenir ! — Tu seras riche à ta majorité, sais-tu, ma chérie ?... très riche peut-être...

— Mère chérie, vous vous illusionnez...

— Pas le moins du monde ! — Le jour de ta naissance tu as été dotée, tu le sais bien... je te l'ai dit... le comte de Thonnerieux, un personnage si riche qu'il ne connaît pas sa fortune, a doté tous les enfants nés dans son arrondissement le même jour que sa fille, et quand tu seras majeure nous n'aurons, pour toucher une forte somme, qu'à nous présenter à lui avec ton acte de naissance et la médaille que tu portes toujours à ton cou...

— Oui, — dit Marthe, — cette médaille singulière que je ne pouvais me lasser de regarder quand j'étais petite fille... — d'un côté les chiffres : *6.* — *1860.* — *10 mars.* — De l'autre, encore le chiffre six et, au-dessus l'un de l'autre, trois mots qui n'offrent aucun sens : *La.* — *La.* — *Coin*...

— C'est le signe de reconnaissance... — Rien que sur le vu de ta médaille et du papier de l'État civil, le comte de Thonnerieux te remettra ta dot...

Marthe poussa un soupir d'incrédulité.

— Ce serait le bonheur pour nous... — fit-elle.

— Il ne faut pas dire : *Ce serait*... Il faut dire : *Ce sera !* car c'est certain... tout ce qu'il y a de plus certain !...

— Que n'avons-nous cette fortune à présent, mère chérie !... — Je pourrais appeler auprès de toi les plus savants médecins, et tu serais guérie bien plus vite !...

— Aie confiance en Dieu, ma mignonne, et n'oublie jamais que ton avenir est assuré, et que si je venais à mourir je mourrais tranquille, sans inquiétude... La médaille du comte de Thonnerieux te fera riche !... — Marthe-Emilie, ma fille, la fille de Périne Berthier, aujourd'hui Périne Grandchamp, n'aura rien à craindre de la misère...

— Mère chérie, vous verrez mon bonheur... si ce bonheur existe... car vous vivrez...

— J'y compte bien, mignonne...

— Et ce comte de Thonnerieux existe toujours?...

— Toujours, grâce au ciel, car c'est le meilleur des hommes, le soutien des pauvres, le consolateur des affligés.

— Mais, dites-moi, mère chérie...

La jeune fille s'interrompit.

— Quoi, mignonne, que veux-tu que je te dise ? — demanda la malade.

— La médaille que je porte a été donnée à Marthe-Emilie Berthier ?

— Sans doute.

— Et maintenant je me nomme Marthe-Emilie Grandchamp, puisqu'en vous épousant mon beau-père m'a reconnue. Cela ne soulèvera-t-il aucune difficulté près de M. de Thonnerieux ?

— Aucune, chère fille, je te l'affirme... — Les papiers bien en règle dont tu seras munie établiront de la façon la plus nette ta situation... M. de Thonnerieux n'ignorait point que tu étais une enfant naturelle... Il a su depuis que j'avais épousé un honnête homme... un homme ayant assez de cœur pour te reconnaître, ce que n'avait pu faire ton véritable père, mort avant ta naissance...

— Guérissez-vous donc, mère chérie, guérissez-vous bien vite, afin que vous puissiez jouir longuement de ce bonheur qui, s'il faut vous en croire, n'est pas une illusion...

— Je guérirai, mignonne, et nous serons heureuses ensemble...

Périne, se soulevant dans son lit, attira à elle la jeune fille et l'embrassa à plusieurs reprises avec une sorte d'emportement.

Les deux femmes, en ce moment, ne pensaient qu'à s'aimer.

Marthe oubliait même la misère imminente.

Un coup frappé à la porte du logement coupa court aux effusions de la mère et de la fille.

— C'est peut-être la lettre de Genève qu'on nous apporte... — dit madame Grandchamp. — Va vite...

La jeune fille courut à la première pièce, ouvrit et se trouva, non en face de l'aubergiste apportant une lettre, mais en présence du médecin.

— Ah ! monsieur le docteur, — fit-elle avec joie, — enfin c'est vous ! — Je vous attendais impatiemment.

— J'ai été retenu près de mes malades plus longtemps que je ne pensais, — répondit le nouveau venu, qui se nommait le docteur Gerbaut. — Pardonnez-moi donc, chère demoiselle, un retard bien involontaire... — Comment va ce matin madame votre mère ?

— Elle a eu cette nuit une fièvre violente dont l'accès s'est prolongé beaucoup... En ce moment elle est très calme...

— Nous allons la voir...

Et le médecin franchit le seuil de la chambre de madame Grandchamp, précédé de Marthe qui dit :

— Maman, c'est M. le docteur.

Le docteur Gerbaut était un homme de soixante ans environ, dont tout le monde à Joigny vantait la science, mais non le désintéressement, car il passait non sans raison pour être singulièrement âpre au gain...

VIII

— Bonjour, chère madame, — dit-il d'un ton amical à la malade qui lui tendait sa main tremblante, qu'il serra très affectueusement.

— Bonjour, cher docteur... soyez le bienvenu... — répliqua madame Grandchamp.

— Comment vous trouvez-vous ?

— J'ai cruellement souffert cette nuit !... il me semblait que j'allais mourir... — fit Périne d'une voix éteinte. — Maintenant je vais beaucoup mieux... je me sens moins faible, et je crois même avoir quelque appétit... c'est bon signe, n'est-ce pas ?

Le docteur ne répondit point.

Il avait posé deux de ses doigts sur le poignet pour se rendre compte de la fréquence du pouls, et il étudiait du regard l'ensemble de la physionomie.

Ces premières constatations achevées, il aida doucement la malade à se mettre sur son séant, et il appuya son oreille entre les deux épaules, écoutant la respiration sifflante.

Marthe suivait avec une anxiété voisine de l'angoisse les mouvements du médecin.

Quand il releva la tête, sa figure était un peu plus ouverte qu'au moment où il commençait son examen.

— La situation est incontestablement meilleure, — dit-il, — mais il faut beaucoup de soins, une obéissance absolue et ponctuelle aux indications de mes ordonnances, et surtout du calme... un calme absolu, physique et moral... — Penser le moins possible, et même pas du tout, voilà quelle est, pour le moment, la consigne... — Si l'appétit revient, c'est bon signe, mais défense absolue de le satisfaire... — Vous avez encore un peu de fièvre, il faut mettre en fuite cette fâcheuse, au lieu de lui donner le moyen de faire un retour offensif en la nourrissant... — Donc, la diète, la diète absolue, jusqu'à nouvel ordre... — Toussez-vous beaucoup ?

— Oh! beaucoup, monsieur le docteur, — répondit Marthe.

— Et la toux est toujours sèche ?...

— Toujours.

— Il faut qu'elle disparaisse... — Je vais vous laisser une ordonnance... — A demain, chère madame, et ne nous désolez pas... Ne perdez point courage... c'est une question de temps... Avec des soins assidus et intelligents, je réponds de tout...

M. Gerbaut passa dans la pièce voisine avec Marthe, qui ferma derrière elle la porte de la chambre de Périne Grandchamp.

—Veuillez me donner de quoi écrire, mademoiselle. — dit-il à la jeune fille, qui s'empressa de placer sur une petite table, encre, plume et papier.

— Ainsi, monsieur le docteur, — balbutia-t-elle ensuite d'une voix que l'émotion rendait hésitante, — vous n'avez point déguisé votre pensée pour rassurer ma pauvre mère ? Vous constatez véritablement une amélioration dans son état ?...

— Oui, chère demoiselle... — J'ai parlé selon ma conscience, la complication que je craignais ne se présentant point, quant à présent... Mais elle pourrait naître si mes prescriptions n'étaient pas religieusement suivies, et alors il me deviendrait impossible d'enrayer le mal.

— Ah ! — s'écria Marthe en pleurant, — ceci, grâce à Dieu, n'est point à craindre ! ma mère sera bien soignée !

—J'en suis certain d'avance, chère demoiselle, mais prenez bien note que la chose recommandée par-dessus tout, c'est le calme ! — Je ne saurais trop appuyer sur ce point... — C'est une question vitale... — Evitez à notre malade les émotions de toute nature... — Défiez-vous de vous-même et de vos propres émotions, qu'il faut dissimuler avec le plus grand soin... — Les larmes qu'en ce moment vous versez amèneraient une notable aggravation de son état, si elle les voyait... si même elle pouvait les soupçonner...

— Je ne pleurerai plus, docteur... — répliqua la jeune fille en essuyant ses larmes, — je sourirai même, s'il faut sourire... — je veux que ma mère guérisse !

— Sa guérison est entre vos mains...

Le docteur écrivit son ordonnance et poursuivit, en la donnant à la jeune fille :

— Vous ferez préparer cette potion et ces pilules le plus promptement possible... Grâce à elles, nous arrêterons la fièvre et nous combattrons la toux obstinée qui me préoccupe plus que le reste... L'ordonnance vous indique le mode d'emploi. Soyez absolument exacte pour les quantités et pour les heures.

— Ah ! vous pouvez compter sur moi !

Le médecin s'était levé, mais ne partait pas.

Il venait de tirer de sa poche son portefeuille et il y cherchait quelque chose.

Marthe fut prise d'un tremblement nerveux.

Elle avait peur de deviner ce que cherchait le médecin.

Au bout d'une ou deux secondes il choisit, au milieu d'autres papiers, une feuille pliée en quatre, la déplia et dit à la jeune fille, en la lui présentant :

— Voici, mademoiselle, la petite note de mes visites jusqu'à ce jour. Veuillez l'examiner. — Il est dans mes habitudes de ne point laisser les mémoires grossir. — Tout le monde s'en trouve bien. — J'ai compté mes visites à un prix d'une extrême modération... — Vous verrez...

Marthe avait la gorge sèche, la bouche sans salive.

D'une main tremblante elle prit la note et voulut parler ; mais il lui fut impossible d'articuler un seul mot. — Ses lèvres s'agitaient, mais aucun son ne s'en échappait.

— Rien ne presse... Rien ne presse... — poursuivit le docteur. — Tantôt vous jetterez un coup d'œil là-dessus pour en constater l'exactitude... et à demain... — Je tâcherai de venir plutôt qu'aujourd'hui...

Le médecin salua la jeune fille et se retira.

Tout en descendant l'escalier, il pensait :

— Lureau doit avoir raison... — Les pauvres femmes semblent être à bout de ressources... — A coup sûr elles sont fort à plaindre, mais je ne puis cependant me déranger pour rien... surtout quand il s'agit de deux étrangères...

Le propriétaire du *Martin-Pêcheur* guettait le médecin.

En le voyant se diriger vers la porte de la rue, il courut à lui.

— Eh bien, docteur, — lui demanda-t-il, — va-t-on mieux là-haut ?

— Oui... très sensible amélioration... — Je crois la guérison possible, et même probable.

— Voilà une excellente nouvelle ! — Très intéressante, la pauvre dame ! — Très sympathique, la jeune demoiselle... — On s'attache à ces gens-là tout de suite ! — Avez-vous suivi le conseil que je vous ai donné hier ?...

— Oui... oui... j'ai remis ma petite note... et je crois avoir reconnu la parfaite exactitude de votre diagnostic...

— Elles sont au bout du rouleau, n'est-ce pas ?

— Cela m'en a tout l'air...

— On ne peut pas, on ne doit pas travailler pour rien, — à chacun son dû, voilà mon opinion... — A notre époque, tout est cher !... — Le boucher et le boulanger ne se payeraient point de belles paroles... — Insistez demain pour le règlement de votre note... surtout ne la laissez pas grossir...

— Soyez tranquille, et merci !

Le médecin serra la main de l'aubergiste, un de ses clients, et remonta du côté du pont de Joigny.

Marthe, après le départ de M. Gerbaut, était restée clouée sur place, les yeux hagards, la poitrine oppressée, le cerveau plein de bourdonnements.

Enfin, elle sortit de sa torpeur et quelques sons inarticulés s'échappèrent de sa bouche.

— Ce que je craignais... — bégaya-t-elle, — Sa note ! oh ! mon Dieu... et demain il demandera son argent... Demain, mon Dieu... demain...

Elle déplia le fatal papier et son regard alla chercher le total de ce qui était dû au médecin...

Ce total fit courir un frisson sur son corps, de la nuque aux talons.

Vingt-deux visites à trois francs !...

Soixante-six francs !

Et cependant le docteur n'avait point menti en affirmant que le prix demandé pour chaque visite était d'une extrême modération.

Il aurait fort bien pu le porter à cent sous.

Marthe tomba sur une chaise et cacha sa tête dans ses mains.

— Soixante-six francs... — balbutia-t-elle avec une expression de douleur poignante, — que faire ?
— Si je ne le paye pas, il ne viendra plus... il abandonnera ma pauvre mère qui ne peut se passer de ses soins... — Mon Dieu ! n'aurez-vous point pitié de nous ?... Qu'avons-nous fait pour mériter d'être si malheureuses ?... Qu'avons-nous fait ?

La jeune fille s'abîma pendant quelques secondes dans l'amertume de ses réflexions, puis elle reprit :

— Et je suis restée muette en face de ce médecin... je ne lui ai pas avoué notre gêne... notre misère... Il aurait compris peut-être mes craintes, mon désespoir, il aurait eu peut-être pitié de nous... Demain je lui dirai tout... je me jetterai à ses pieds... je le prierai... je le supplierai... Un médecin, s'il est homme de cœur, ne peut abandonner ses malades à propos d'une misérable question de salaire !... Il est investi d'un mandat de charité, et c'est à sa charité que je dois faire appel... — Mais s'il est impitoyable ?... S'il refuse ? si, faute de payement, il ne revient plus ? alors, quel parti prendre ? — oh ! que je souffre ! que je souffre ! — Il me semble que ma tête s'égare !... — Voyons, il ne faut pas perdre courage... il faut conserver mon sang-froid... — j'ai mis au Mont-de-Piété mes quelques bijoux et ceux de ma mère, mais je possède les reconnaissances... je puis les vendre... — Si j'avais nos malles ici, elles renferment des robes, du linge, sur lesquelles je trouverais de l'argent, mais elles ont été mises à Genève à la petite vitesse pour Paris !... — Nous n'avons rien ! — oh ! ce banquier qui ne répond pas ! qui nous laisse mourir de misère !... — Veut-il donc dépouiller deux femmes du peu qu'elles possèdent ? — Si cela est, quel misérable ! !

Tout en disant ce qui précède, Marthe avait fouillé dans un meuble.

Elle en tira des reconnaissances du Mont-de-Piété, les plia, les mit dans sa poche, prit l'ordonnance du médecin, commanda à son visage d'être calme, de ne rien trahir de ce qui se passait au fond de son âme, attacha sur sa tête un chapeau, puis, rentrant dans la chambre de sa mère, s'approcha du lit...

— Tu sors, mignonne? — lui demanda la malade.

— Oui, mère chérie, mais je ne serai pas longtemps dehors...

— Où vas-tu?

— Chez le pharmacien... — As-tu besoin de quelque chose avant ma sortie?

— J'ai soif... je voudrais boire...

Marthe présenta à sa mère une tasse pleine de tisane, puis elle quitta la chambre en fermant la porte derrière elle.

Depuis la veille au matin, la pauvre enfant n'avait pris aucune nourriture.

C'est à peine si elle pouvait se soutenir.

Ses jambes, à chaque pas, se dérobaient sous elle, et d'affreux tiraillements d'estomac faisaient monter à son front une sueur glacée.

— Il faut manger... — murmura-t-elle, — Me voici défaillante... je tomberais... et j'ai besoin d'être debout pour soigner ma mère.

Marthe se trouvait devant la boutique d'un boulanger.

Elle y fit l'emplette d'un petit pain d'un sou, puis elle acheta une tablette de chocolat chez un épicier et, tandis qu'elle se dirigeait vers l'intérieur de la ville, se mit à dévorer cette maigre nourriture qui devait calmer momentanément sa faim.

La jeune fille était allée plusieurs fois déjà dans la ville haute.

Près du bureau du Mont-de-Piété elle avait remarqué une boutique de bijoutier, ou plutôt de brocanteur en objets de bijouterie d'occasion, en matières d'or et d'argent.

Une pancarte faisant partie de l'étalage portait ces mots :

« *Ici on dégage les objets et on achète les reconnaissances.* »

C'était à cette boutique que se rendait la pauvre enfant.

Sur son chemin se trouvait la pharmacie où elle avait coutume de faire préparer les médicaments ordonnés pour sa mère.

Elle en franchit le seuil et présenta son ordonnance au pharmacien.

Il y jeta les yeux.

— Dans combien de temps cela sera-t-il prêt, monsieur ? — lui demanda-t-elle.

— Dans trois quarts d'heure, mademoiselle.
— Pourriez-vous me dire combien cela coûtera ?
— Parfaitement.

Le pharmacien prit un crayon, un carré de papier et fit une addition de toutes les substances médicales indiquées dans l'ordonnance.

— Six francs vingt-cinq centimes, mademoiselle... — dit-il quand son calcul fut terminé.

— Merci, monsieur... — je reviendrai dans trois quarts d'heure.

— La potion et les pilules seront prêtes.

Marthe sortit.

— Six francs vingt-cinq... — murmura-t-elle, — soixante-six francs demain au docteur... un peu plus de soixante-douze francs, et il ne me reste que cinq francs et quelques sous... je ne dois pas hésiter...

Elle monta la grande rue et s'engagea dans une voie transversale pour gagner la place de la Mairie, où se trouvait la boutique du bijoutier qu'elle avait remarquée.

En passant devant une église, elle pensa :

— La prière fortifie... Elle console... Elle donne le courage et l'espérance... il faut prier... Je vais prier...

La jeune fille pénétra dans le lieu saint, elle s'agenouilla sur les dalles, elle éleva son âme et fit monter vers Dieu les plus ardentes, les plus touchantes supplications qui se soient jamais exhalées d'une âme brisée par le chagrin.

Quand elle se releva, une sorte de soudaine transformation s'était faite en elle.

Son visage était moins pâle, moins décomposé, — son regard plus calme. — Le pli d'amertume de ses lèvres s'effaçait.

Elle se rendit tout droit chez le bijoutier de dixième ordre dont nous avons parlé.

Le commerçant était seul dans son magasin, l'œil collé à une loupe grossissante, et penché sur une montre dont il réparait le mouvement.

En voyant la jeune fille il posa sur l'établi la loupe et le mouvement, quitta son siège et salua en soulevant à demi la toque de velours graisseux qui couvrait son crâne chauve et poli comme une bille de billard ou comme un œuf d'autruche.

C'était un petit homme maigre, à la figure futée, aux yeux malins, mais qui ne paraissait point méchant.

— Qu'y-a-t-il pour votre service, mademoiselle? — demanda-t-il courtoisement.

Marthe devint très rouge et se mit, sans motif apparent, à trembler de tout son corps.

Cependant elle fit un effort sur elle-même et répondit d'une voix mal assurée, en tirant de sa poche ses reconnaissances :

— Mon Dieu, monsieur, j'ai lu sur la pancarte placée à votre étalage que vous achetiez les reconnaissances du Mont-de-Piété, et je viens vous proposer de vous vendre celles-ci...

IX

Le marchand regarda curieusement sa nouvelle cliente et vit à son attitude gênée, à sa rougeur, à ses hésitations, combien la démarche qu'elle faisait l'embarrassait.

Il ne fallait pas être bien habile pour deviner que la plus noire misère était la cause de cette démarche.

— Vous n'êtes pas de Joigny, mademoiselle? — demanda-t-il.

— Non, monsieur... — Je m'y trouve accidentellement retenue par la maladie de ma mère, ce qui me met dans la nécessité de me procurer quelque argent au prix des plus pénibles sacrifices.

— Quels sont les bijoux engagés?

— Voyez, monsieur...

Le bijoutier feuilleta les reconnaissances et lut à haute voix :

6.

— Une montre de femme… — une paire de boucles d'oreilles… — un médaillon avec sa chaîne… — deux bagues, dont l'une est ornée d'une petite perle…

Après un instant de réflexion il ajouta :

— Vous savez, mademoiselle, que le Mont-de-Piété prête sur le poids de l'or ?…

— Oui, monsieur…

— Je ne pourrai donc vous donner qu'une très faible somme de ces reconnaissances.

— Mon Dieu, monsieur, — balbutia Marthe, — pourvu que la somme offerte par vous soit suffisante pour nous permettre d'attendre quelques jours l'argent qui doit nous arriver, je me trouverai satisfaite… — Je ne vous demande qu'une seule chose…

— Laquelle ?

— C'est d'être consciencieux dans votre estimation…

— Consciencieux !… Si je ne l'étais, je serais plus riche que je ne le suis… beaucoup plus riche !…

Le négociant parut s'absorber dans son calcul mental en relisant la nomenclature des humbles bijoux engagés.

Tout à coup, il releva la tête.

— Impossible, mademoiselle, — dit-il, — de vous donner de cela plus de quatre-vingts francs…

Marthe frissonna.

— Quatre-vingts francs !... — répéta-t-elle avec une expression de découragement profond, — oh ! monsieur, c'est bien peu...

— C'est tout au juste ce que cela vaut...

— Ajoutez au moins vingt francs... Allez jusqu'à cent francs...

— J'y perdrais... — Je ne puis ajouter un sou... Voyez ce que vous avez à faire, et tenez pour certain qu'aucun de mes confrères ne vous adresserait une offre aussi élevée que la mienne...

Ce fut au tour de la jeune fille de réfléchir et de calculer mentalement.

La somme offerte et ce qu'elle possédait portait le chiffre de sa fortune à quatre-vingt-cinq francs, sur lesquels elle en devait payer soixante-douze.

Il lui restait treize francs pour attendre la lettre de Genève, — si cette lettre devait arriver.

L'hésitation était impossible.

— Eh ! bien, monsieur, — dit-elle, — j'accepte... — Donnez-moi les quatre-vingts francs que vous me proposez...

— Les engagements sont à votre nom ?

— Oui, monsieur...

— Eh bien ! veuillez signer les reconnaissances. — Voici une plume et de l'encre.

Marthe écrivit son nom aux endroits que lui désigna le marchand qui poursuivit :

— Maintenant, s'il vous plaît, donnez-moi votre adresse.

— Madame et mademoiselle Grandchamp, faubourg du Pont, à l'Hôtel du *Martin-Pêcheur*...

Le bijoutier transcrivit cette adresse sur son registre.

— Régulièrement, je devrais ne payer qu'à domicile — ajouta-t-il. — mais j'ai confiance... voici votre argent...

Il compta quatre louis à la jeune fille.

Celle-ci prit les pièces d'or et allait se retirer ; — soudain elle s'arrêta.

— Vous avez oublié quelque chose ? — fit le bijoutier.

— Non, monsieur, mais je veux vous demander combien vous me donneriez de cet objet...

En disant ce qui précède, Marthe tirait un cordon de soie rouge passé autour de son cou et auquel était suspendu un disque de métal dans une enveloppe de drap qu'elle ouvrit.

— Qu'est-ce que cela ? — demanda le marchand fort intrigué.

— Vous le voyez, monsieur, c'est une médaille... un souvenir... un fétiche... J'y tiens beaucoup, mais les événements pourraient me contraindre à m'en séparer malgré moi... Combien m'en donneriez-vous.

La jeune fille avait détaché le cordon et présentait le disque de métal au bijoutier.

Celui-ci le prit et l'examina avec attention.

— Cela paraît être de l'or, — dit-il ensuite. — Sur les deux faces, des dates et des mots merveilleusement gravés... C'est très curieux. — Vous me permettez d'essayer le métal à la pierre de touche?

— Mais certainement, monsieur.

Le négociant s'assit devant son établi, prit une pierre sur laquelle il frotta l'arête aiguë du bijou mystérieux, puis sur l'empreinte il versa une goutte du liquide contenu dans une fiole.

— Or au premier titre, — fit-il ensuite. — Il faut savoir quel en est le poids.

Il pesa dans une toute petite balance le signe de reconnaissance du comte de Thonnerieux, et ajouta :

— Cela vaut pour moi cent trente francs, mademoiselle... — Je puis vous les compter tout de suite, si vous voulez...

— Tout de suite, non, monsieur... — je vous répète que cet objet m'est précieux, très précieux... — Je ne m'en séparerai qu'à la dernière extrémité, si de déplorables circonstances m'y contraignaient, mais je vous suis très reconnaissante du renseignement que vous avez eu l'obligeance de me donner...

— Tout à votre disposition, mademoiselle. — Si

vous avez besoin de mes services, comptez sur moi...

— Merci, monsieur...

Marthe replaça la médaille dans son enveloppe, rattacha le cordon à son cou, et sortit de la boutique.

Elle avait le cœur moins gonflé, la poitrine moins oppressée, qu'en quittant l'auberge du *Martin-Pêcheur*.

Le médecin, auquel il ne serait plus rien dû, allait continuer ses visites.

Les médicaments indispensables à sa mère seraient payés, et il lui resterait encore une petite somme qui lui permettrait, en attendant les événements, de ne pas se priver tout à fait de nourriture.

En outre, si le retard de la lettre de Genève se prolongeait, si elle se trouvait à bout de ressources, elle savait pouvoir se procurer un peu d'argent en vendant sa médaille...

Que lui importait la richesse à venir — à laquelle, d'ailleurs, elle ne croyait guère ?...

Une chose la préoccupait : continuer à sa mère malade les soins que nécessitait son état.

Pour que Périne ne manquât de rien, elle aurait sans regret tout vendu, tout livré, sauf son honneur.

Elle passa chez le pharmacien, qui lui remit les

médicaments préparés, et elle reprit d'un pas rapide le chemin de l'auberge où sa mère l'attendait avec impatience, trouvant que son absence se prolongeait bien longtemps.

Dans le faubourg du Pont, elle acheta du pain et un morceau de viande froide pour satisfaire son estomac qui recommençait à crier impérieusement famine.

En passant devant le propriétaire du *Martin-Pêcheur*, qui prenait l'air sur le seuil de sa porte, elle lui demanda :

— Est-il arrivé une lettre, monsieur ?

— Non, mam'selle, pas encore.

Et, après avoir reçu cette réponse et gravi l'escalier, elle rentra, la tête basse dans son logement.

La journée se passa sans secousses.

Les doses de potion et les pilules furent administrées ponctuellement à la malade qui s'en trouva bien et, vers le soir, s'endormit d'un calme sommeil.

La fièvre était cependant revenue, mais plus faible, et elle avait été de courte durée.

Malheureusement la toux se montrait opiniâtre et s'obstinait à ne pas céder encore.

Marthe veilla jusqu'à minuit près du lit de sa mère endormie, puis, brisée de fatigue, chercha elle-même dans le sommeil un apaisement à ses défaillances physiques et morales, et à ses craintes pour l'avenir.

*
* *

Pascal Saunier et Jacques Lagarde avaient pris à Nîmes un train qui devait, par correspondance, les mettre à Joigny le lendemain de leur départ, dans la nuit.

A trois heures et quelques minutes du matin ils descendaient en gare.

Jacques Lagarde, on le comprend, tenait fort peu à être vu et reconnu dans une ville où il avait été arrêté, jugé et condamné.

C'est pour atteindre ce but qu'il avait laissé pousser sa barbe avant de sortir de prison, lui qui jadis ne portait pas même de moustaches et de favoris.

C'est aussi pour cela qu'il se garda bien d'aller se présenter au milieu de la nuit dans l'un des principaux hôtels de Joigny, où l'on aurait pu se souvenir de lui.

Au moment de quitter la gare il s'adressa à un employé du chemin de fer, et lui demanda :

— Connaissez-vous, pas loin d'ici, dans le faubourg du Pont, un petit hôtel bon marché?

— Oui, monsieur... — L'auberge du *Martin-Pêcheur*, tenue par Lureau, fera bien votre affaire...

— On n'y pousse pas à la dépense... — Vous verrez

à la porte une lanterne allumée au-dessous de l'enseigne de la maison...

— Grand merci, mon brave !

Et Jacques Lagarde, suivi de Pascal Saunier, s'engagea dans le faubourg absolument désert à cette heure.

Tout en marchant, il dit à Pascal :

— Tu comprends que je me ferai voir le moins possible... — Je désire qu'on ne sache pas que je suis venu à Joigny.

— Alors, recommande le silence à ton notaire...

— C'est ce que ferai... — Inutile que mes imbéciles de compatriotes me mettent sur le tapis pendant notre séjour qui d'ailleurs, je l'espère bien, ne sera pas de longue durée.

— Supposes-tu qu'après cinq ans on pourrait te reconnaître ?

— On le pourrait sans le moindre doute, quoique je porte ma barbe entière... — il y a des gens qui possèdent une mémoire de tous les diables, et mon affaire m'avait mis très en vue...

En causant ainsi, les deux libérés arrivèrent à la porte de l'auberge du *Martin-Pêcheur*.

Pascal sonna vigoureusement.

Au bout de quelques minutes, le propriétaire lui-même vint ouvrir.

— Avez-vous une chambre à deux lits à nous donner ? — fit Pascal Saunier.

— Oui, messieurs... une bonne chambre... prenez la peine d'entrer...

Les arrivants passèrent devant l'hôtelier, qui après avoir refermé la porte extérieure les introduisit dans la salle du café, annexe de l'auberge, et leur demanda :

— Ces messieurs ont-ils besoin de prendre quelque chose avant d'aller se reposer ?... Désirent-ils que je leur serve un peu de viande froide et une bouteille de vieux vin de la côte Saint-Jacques ?... — j'en ai d'excellent...

— Un morceau de fromage, une bouteille de côte Saint-Jacques, et vite, s'il vous plaît, car nous sommes brisés de fatigue...

— Je vous apporte cela à l'instant...

Au bout de quelques minutes le pain, le fromage, la bouteille et deux verres étaient posés sur un bout de table devant les nouveaux venus.

Pascal versa et, s'adressant à l'aubergiste, il reprit :

— La chambre à deux lits que nous vous avons demandée est prête ?

— Oui, monsieur, une belle grande chambre tapissée à neuf, avec vue sur le faubourg, au deuxième étage, à côté d'une dame qui ne fait pas grand bruit, attendu qu'elle est malade et toute seule avec sa fille, une personne très jolie et douce comme un mouton.

— Eh bien, mon cher hôte, conduisez-nous, je vous prie... — dit Jacques Lagarde en avalant la dernière bouchée de pain et de fromage et la dernière gorgée de vin. — Nous dormons tout debout.

L'aubergiste prit un flambeau, précéda les voyageurs et les installa dans la chambre à deux lits dont la propreté faisait honneur à l'établissement, puis il se retira et, un instant après, les libérés dormaient de ce sommeil pesant qui suit les grandes fatigues.

Il était neuf heures du matin lorsque Pascal Saunier sauta en bas de son lit et réveilla Jacques Lagarde.

En un tour de main leur toilette fut faite.

Ils descendirent au café de l'auberge où le père Lureau les reçut, le sourire aux lèvres.

— Avez-vous bien dormi, messieurs ? — leur demanda-t-il.

— Parfaitement... — répondit Pascal.

— Ces messieurs déjeuneront-ils avant de sortir ?

— Non, — répliqua Jacques, — pas à présent... — Je vais faire une course pressée, et je reviens...

— Moi, — dit Pascal en mettant la main sur un journal, — je t'attendrai en prenant une absinthe et en lisant le *Progrès de l'Yonne*.

Jacques sortit.

Pascal Saunier se prépara une absinthe, alluma une cigarette et lut quelques lignes du journal, mais son esprit était ailleurs.

Par la pensée il suivait Jacques allant chez le notaire prendre possession de l'héritage paternel, héritage qui devait être le point de départ de la fortune rêvée.

Il le voyait palper ces précieux billets de banque dont la possession leur permettrait à tous deux de faire honorablement figure jusqu'à la mise à exécution du plan qu'il échafaudait depuis longtemps déjà dans sa tête.

Sans compter qu'il caressait en outre certains projets, ignorés encore de son ami, mais dont il comptait bien l'entretenir prochainement.

Il se trouvait seul dans le café, car Lureau mettait en ordre les comptes de la veille, tandis que sa femme et la domestique composant tout le personnel de l'auberge commençaient à faire les chambres des locataires, voyageurs de commerce ou petits employés, dont la plupart étaient sortis de bon matin.

X

Pascal fut brusquement tiré de sa rêverie par l'entrée d'une femme dans la salle du café-restaurant.

Cette femme était Marthe Grandchamp.

En voyant la jeune fille dont nous avons constaté la beauté rare, la grâce exquise, et qui malgré l'expression profondément triste de son visage, n'en restait pas moins éblouissante, Pascal fut littéralement *hypnotisé*, comme on dit aujourd'hui quand on est dans le mouvement ; en d'autres termes, il se trouva pris de stupeur, la bouche béante, les yeux arrondis.

Jamais il n'avais rien vu, jamais il n'avait même rien rêvé de comparable, et cependant il se croyait connaisseur en jolies femmes.

Marthe semblait très embarrassée.

— M. Lureau n'est-il pas ici, monsieur ? — demanda-t-elle en rougissant beaucoup.

Ces quelques mots remirent Pascal en possession de lui-même.

Il se leva, salua, et il allait répondre mais il n'en eut pas le temps.

Le propriétaire du *Martin-Pêcheur*, ayant entendu la voix de la jeune fille, venait de paraître.

— Me voici... Me voici, mam'selle... — dit-il en s'approchant. — Qu'est-ce qu'il y a pour votre service ?...

— Avez-vous du bouillon gras, ce matin, monsieur Lureau ?

— Oui, mam'selle... La marmite est sur le feu depuis le *patron-minette*... Huit livres de pointe de tranche de première qualité, et des légumes d'une fraîcheur... je ne vous dis que ça !... Ce sera un véritable consommé... Rien que l'odeur ferait revenir un mort...

— Vous aurez l'obligeance de m'en réserver une tasse, n'est-ce pas ?

— Mais bien sûr, mam'selle... Et c'est tout ?

— Avec un petit pain, oui monsieur Lureau. Le facteur n'est pas encore venu ?

— Pas encore, mam'selle, mais vous n'avez nullement besoin de vous en tourmenter, s'il apporte quelque chose pour vous je vous le monterai tout de suite...

— Je vous en remercie....

— Comment va votre maman, ce matin ?

— Un peu mieux, ce me semble...

— Voilà une bonne nouvelle !... — Il suffit que le mieux commence, et la chère dame se remettra vite...

Marthe salua les deux hommes par une légère inclination de tête et regagna son logement.

Pascal avait entendu parler mademoiselle Grandchamp.

Il se trouvait sous le charme de cette voix douce et pure, bien timbrée, cristalline en quelque sorte, qui résonnait mélodieusement à son oreille, tandis que ses yeux restaient fixés sur les traits de cette madone vivante.

Mais, chose étrange, à l'aspect de cette créature incomparable, ce n'était ni l'amour, ni même le désir qui s'imposaient à Pascal Saunier et qui résultaient de son admiration.

La vue de Marthe apportait au jeune homme la solution d'un problème.

Cette beauté stupéfiante répondait à une question qu'il se posait mentalement quelques secondes avant l'entrée de mademoiselle Grandchamp, et il s'étonnait de ce miraculeux hasard qui venait de lui faire rencontrer dans une petite ville de province, à Joigny où il ne devait passer que quelques heures, l'objet rêvé, l'objet presque introuvable, qui devait servir de clef de voûte à la plus hardie de ses combinaisons, au plus audacieux de ses plans de fortune.

Il regardait encore la porte par laquelle Marthe venait de sortir, quand le patron du *Martin-Pêcheur* interrompit ses réflexions et le tira de son extase.

— Un beau brin de fille, hein, monsieur? — fit-il en se frottant les mains d'un air joyeux et conquérant.

— Dites une merveille! — s'écria Pascal, — un diamant sans tache, incomparable!

— Il est sûr et certain qu'on n'en voit pas souvent de pareilles...

— En avez vous vu, vous qui parlez?

— Jamais, monsieur, jamais!

— Est-ce qu'elle est de Joigny?

— Non, monsieur... — c'est la jeune personne dont je vous ai touché deux mots cette nuit et qui soigne sa maman malade... — Elles logent au deuxième étage, sur le même carré que vous...

— Ah! elles habitent votre hôtel?

— Oui, monsieur.

— Depuis longtemps?

— Depuis plus d'un mois....

— D'où viennent-elles?

— De Genève, à ce que m'a dit la demoiselle...

— Elles tenaient dans cette ville, à ce qu'il paraît, un petit magasin de nouveautés, qu'elles ont vendu après la mort du mari... — Elles allaient à Paris prendre un autre commerce quand, en chemin de fer, la maman est tombée si gravement malade qu'il a fallu la descendre à Joigny sous peine de la voir mourir en route... — Elles sont venues habiter mon établissement, où la pauvre dame est soignée par un des meilleurs médecins de la ville...

Pascal suivait avec beaucoup d'attention le récit de l'hôtelier.

— Ainsi, — fit-il, — cette dame est veuve?

— Oui, monsieur, et quoique le docteur la trouve un peu mieux, j'ai dans ma folle idée qu'elle est touchée à fond et qu'elle ne tardera guère à laisser orpheline la petite...

— La jeune fille est si jolie qu'elle ne serait point embarrassée pour se tirer d'affaire... — dit Pascal.

— Je le penserais comme vous, si elle n'était si sage... si naïve...

— Bah! vous croyez?... — demanda le jeune homme avec un sourire sceptique.

— Oh! quant à ce qui est de son honnêteté, j'en mettrais ma main au feu! — C'est une rosière... une vraie rosière... Ah! je vous garantis qu'il ne ferait pas bon se frotter à elle!...

— Bah! laissez donc!... — C'est justement lorsque

7.

les filles sont naïves qu'un gaillard un peu malin et qui sait s'y prendre réussit vite auprès d'elles!...

— C'est possible; mais si ça était, ça serait malheureux!...

— Du reste, — reprit Pascal, — elle n'aura point de peine à trouver un mari, si elle possède quelque fortune, ou seulement quelque aisance.

— Hum!... hum!! — fit le patron du *Martin-Pêcheur* avec une grimace significative, — ne parlons ni de fortune, ni même d'aisance...

— Quoi, la gêne?

— Oui, mon cher monsieur, la dèche au grand complet, misère et compagnie.... pour le quart d'heure du moins...

— Vous en êtes sûr?

— Pardi! Point n'était besoin d'avoir inventé le télescope pour s'en apercevoir... — La fille se prive de manger plus souvent qu'à son tour; histoire d'acheter des médicaments à la maman et, quand elle mange, c'est juste de quoi ne pas se laisser mourir de faim!... Tenez!... elle m'a dit devant vous, tout à l'heure, de lui garder un bouillon... Eh bien! je parierais que ce bouillon et le petit pain, c'est tout ce qu'elle consommera aujourd'hui.

Pascal Saunier eut un étrange sourire aux lèvres.

— Diable! — fit-il. — C'est peu!

— Bien sûr que c'est insuffisant et, si la pauvre

enfant continuait, elle a beau être forte et solidement bâtie, elle n'en aurait pas pour longtemps.

— Mais cette position est affreuse !

— Affreuse, oui, mon cher monsieur... Aussi j'en suis tout émotionné...

— Et, à cette position, je ne vois pas d'issue si la maladie se prolongeait... — reprit Pascal.

— La maman, ne pouvant plus se faire soigner à ses frais, entrerait à l'hôpital.

— La mère, soit... Mais la fille ?...

— Elle se mettrait en service... Quand il s'agit de vivre, il n'y a pas de sots métiers.

— J'espère que ces pauvres créatures n'en seront point réduites à cette extrémité...

— Elles en sont tout près, monsieur, et pour mon compte je me garde bien de laisser grossir leur note... C'est leur rendre service... Je sais bien qu'elles attendent de l'argent...

— Ah ! elles attendent...

— Oui, une lettre chargée... Il paraît qu'on leur doit à Genève, mais la lettre n'arrive pas, et j'imagine qu'elles pourraient très bien avoir été volées de la belle façon !...

— Volées, comment ?

— Voici : C'est la maman qui m'a raconté ça, un jour que j'étais monté près d'elle pour lui tenir compagnie pendant que sa fille était chez le pharmacien... — Son établissement de Genève a été vendu douze mille francs, payés comptant. — Elle a confié ses capitaux à un petit banquier genevois, ami de son mari, et elle s'est embarquée pour Paris en compagnie de sa fille en emportant seulement l'argent du voyage avec deux ou trois louis en plus... — Le banquier, très malin, lui avait persuadé que ce serait dangereux pour deux femmes de voyager avec une forte somme, et qu'une fois à Paris il lui enverrait une lettre de change à toucher chez un de ses confrères... — Or, voilà trois fois que la jeune fille écrit pour réclamer des fonds, et pas de réponse!! C'est pour ça qu'elle me demandait tout à l'heure si le facteur était venu... — Je parierais tout ce qu'on voudrait que le banquier est une fripouille, et qu'il n'enverra pas un radis...

— Mais il a dû donner un reçu... — fit observer Pascal.

— Qui sait?... — Les femmes n'entendent rien aux affaires, et celle-là ne se défiait point d'un homme qu'elle croyait son ami... — Rien d'étonnant à ce qu'elle ne se soit pas mise en règle...

— Oui, cela se pourrait et ce serait bien triste pour elles.

— Je suis de votre avis, mais si c'est comme ça, c'est leur faute. — Au temps où nous vivons, le seul moyen de n'être pas trompé c'est de n'avoir confiance en personne...

— Ah! comme vous avez raison, mon cher hôte!... bien plus raison encore que vous ne le croyez... — il y a tant de voleurs à notre époque... et on leur donne la main, sans se douter de rien!...

La conversation de l'aubergiste et du voyageur fut interrompue par le retour de Jacques Lagarde.

Maître Lureau quitta la salle pour aller veiller aux préparatifs du déjeuner.

— Eh bien? — demanda Pascal, resté seul avec son ami.

— Eh bien? mon cher, nous voilà forcés de passer ici au moins cinq ou six jours. — Certains actes doivent être enregistrés et ne pouvaient l'être sans avoir été enrichis de ma signature... — Bref, nous sommes collés sous bande et nous périrons d'ennui, n'ayant pour toute distraction, si le cœur nous en dit, que la pêche à la ligne dans l'Yonne.

— Nous aurons autre chose à faire, — dit Pascal en souriant.

— Ah bah !... Quoi donc?

— Déjeunons d'abord... — Après déjeuner nous irons nous promener dans la campagne et je te mettrai au courant... — Ces cinq ou six jours que tu t'affliges d'avoir à passer ici seront fructueux pour nous. — Je vois l'avenir en rose...

— Tant mieux... et, au fait, je commence à croire que nous pourrions bien avoir la veine, car, au lieu de quinze mille francs sur lesquels je comptais, j'en toucherai vingt mille...

— Bravo!... — Positivement l'horizon s'ensoleille... — Mais, chut! voici quelqu'un...

Ce quelqu'un était Lureau qui venait dresser le couvert.

— Le déjeuner est-il prêt? — demanda Pascal.

— Il l'est, et vous allez pouvoir vous mettre à table... — Quel vin ces messieurs boivent-ils?...

— Du vin de la côte Saint-Jacques et de derrière les fagots, s'il vous plaît...

— Je descends à la cave... Ces messieurs seront contents...

Lureau disparut.

— Avant d'aller nous promener, — dit Pascal, — j'écrirai à Paris, à ma vieille amie Angèle, pour l'avertir de notre retard... — Sans cela elle serait mortellement inquiète... — La pauvre fille m'est si attachée!

L'aubergiste reparut avec des bouteilles.

Les deux amis se mirent à table et firent honneur au déjeuner, qui se trouva fort bon.

En remontant auprès de sa mère, Marthe avait rencontré le docteur dans l'escalier.

Toute fière de pouvoir solder la note présentée par

lui la veille, elle ne voulut pas le laisser pénétrer auprès de la malade avant de s'être acquittée.

— Monsieur le docteur, — lui dit-elle en tirant de sa poche trois pièces d'or et deux pièces blanches, voici le montant de votre note... soixante-dix francs.

— Merci, mademoiselle... C'est parfaitement cela... vous ne me devez plus rien... — Je me propose maintenant, pour mes visites futures, de me les faire payer chaque fois... — Cela vous sera très commode... — Une note à solder semble lourde, tandis qu'un petit écu, on le donne sans même s'en apercevoir...

Marthe devint pourpre.

— Cet homme a certainement un caillou à la place du cœur!... — pensa-t-elle. — Si je passais un seul jour sans le payer, il ne reviendrait plus... Il laisserait mourir ma mère...

— J'espère bien, mademoiselle, que ma demande ne vous formalise pas... — dit le médecin en voyant la rougeur et le trouble de la jeune fille.

— Non, monsieur, pas le moins du monde... — répondit-elle, puis elle ajouta : — Voici trois francs pour la visite d'aujourd'hui... — Venez, maintenant, je vous prie...

Et elle conduisit le médecin près de Périne.

L'état de celle-ci n'avait pas empiré depuis la veille, mais ne s'était pas non plus amélioré de façon notable.

La maladie restait stationnaire.

C'était beaucoup déjà. — Le mal ne faisant plus de progrès pouvait se combattre et permettait d'espérer la guérison ; mais, à coup sûr, cette guérison se ferait longtemps attendre.

Le docteur constata tout cela du premier coup d'œil.

— Le mieux persiste.... — dit-il d'un ton encourageant.

— Ma mère pourra-t-elle prendre un peu de nourriture aujourd'hui ? — demanda vivement Marthe.

— Pas encore, mademoiselle.

— Pas encore — répondit la malade avec un soupir, — j'ai pourtant bien besoin de retrouver des forces...

— Ayez patience, madame. — Les forces reviendront en leur temps. — Nous sommes en bonne voie... — Ne gênez point le travail de la nature par une précipitation inopportune, et peut-être dangereuse !...

XI

— Ma mère tousse beaucoup moins... — fit observer Marthe.

— On devait s'y attendre... — répliqua le docteur, — c'est le résultat du traitement que j'ai ordonné hier...

— Faudra-t-il continuer l'usage des pilules?...

— Sans doute...

— Et celui de la potion?...

— Vous en reste-t-il ?

— Quelques gouttes à peine...

— Vous en ferez préparer une nouvelle... — il suffira pour cela de porter la bouteille au pharmacien... — le numéro est inscrit sur l'étiquette...

Le médecin ajouta diverses prescriptions verbales et sortit, reconduit par Marthe.

— Encore! toujours! — murmura la pauvre enfant quand elle se retrouva seule, — Médicaments sur médicaments... — Demain, mon dernier sou aura disparu... — Je ne posséderai plus rien... et cette lettre tant espérée n'arrive pas... et il faudra payer la visite!! — C'est à en perdre la raison!... — Ma mère va mieux, dit-il, et moi je la vois toujours la même... inerte, sans force, sans voix... Après cette potion, ce sera une autre, et toujours ainsi... — Ah! si j'avais de l'argent!... — Il m'en faut... il m'en faut à tout prix!... — Je n'attendrai pas plus longtemps... Demain, après l'heure du courrier, si le facteur ne m'a rien rapporté, je vendrai la médaille du comte de Thonnerieux; cette médaille, à laquelle ma mère attache une si grande importance et qui n'a pour moi que la valeur de son poids d'or... — Le comte de Thonnerieux peut avoir eu l'idée, il y a dix-neuf ans, d'enrichir les enfants nés le même jour que sa fille; mais sa fille est morte, m'a souvent dit ma mère... Il a perdu sa femme, et la douleur, la solitude, ont dû lui faire oublier les projets formés autrefois... — La médaille vaut cent trente francs... — avec cette somme, je pourrai peut-être atteindre le jour de la guérison de ma mère... et une fois ma mère guérie, n'étant plus absorbée par les soins dont elle a besoin, je pourrai travailler et gagner notre pain de chaque jour.

« Que m'importe la fortune à venir, en admettant que cette fortune ne soit pas un rêve

» Ce que je veux, c'est guérir ma mère !... »

Marthe se munit de la fiole et se rendit chez le pharmacien pour se faire donner une nouvelle dose de la potion ordonnée la veille.

En rentrant, elle prit à la cuisine de l'auberge le bol de bouillon qu'elle avait prié de garder pour elle, et un petit pain.

Ce fut son unique nourriture de la journée.

Tout ce que le patron du *Martin-Pêcheur* avait raconté à Pascal Saunier, concernant madame Grandchamp et sa fille, était l'expression littérale de la vérité.

Madame Grandchamp, après la mort de son mari, voulant quitter Genève et venir à Paris avait vendu son établissement et confié l'argent résultant de cette vente à un banquier qui possédait toute sa confiance et qui ne la méritait pas.

En route, la maladie s'abattant sur elle d'une façon quasi foudroyante, l'avait mise dans la nécessité de descendre de son wagon à Joigny au lieu de continuer sur Paris, et le porte-monnaie contenant quelques pièces d'or s'était trouvé perdu dans le transport du wagon à l'auberge.

Marthe Berthier, devenue Marthe Grandchamp par le mariage de sa mère, devant jouer un rôle capital dans ce véridique récit, nous compléterons en peu de mots pour nos lecteurs les renseignements donnés par l'aubergiste à Pascal Saunier.

Périne Berthier, à l'âge de vingt-cinq ans, s'était éprise d'un jeune homme qui l'aimait, lui aussi, de toute son âme.

Rien de plus honnête que ce double amour qui tendait à la plus légitime de toutes les unions en passant par la mairie et par l'église.

Malheureusement, des obstacles matériels empêchèrent que cette union fût immédiatement célébrée.

Orpheline, ayant pour toute famille un frère que depuis longtemps elle ne voyait plus, dont elle ne connaissait même point la demeure, ne trouvant nulle part un appui et de bons conseils, Périne ne sut pas lutter contre sa propre tendresse et contre celle de son fiancé.

Elle eut un moment de faiblesse.

Elle commit une faute, regrettable, à coup sûr, mais à coup sûr excusable, puisque le mariage prochain devait l'absoudre et l'effacer.

Le fiancé, devenu l'amant, restait plus épris que jamais et ne songeait point à se soustraire à son devoir d'homme d'honneur.

Les obstacles matériels dont nous avons parlé venaient de s'aplanir.

Les bans étaient publiés, le jour fixé.

Hélas ! une fièvre typhoïde vint anéantir ces beaux rêves déjà presque réalisés.

Ce ne fut pas la couche nuptiale, ce fut la tombe qui reçut le fiancé.

Six mois après cette mort, Périne, désespérée, mettait au monde sa fille Marthe, le jour même où naissait la fille du comte de Thonnerieux.

Malgré sa faute, nous le savons, Périne était honnête, et de plus très courageuse, très énergique.

Elle adora son enfant et travailla de toutes ses forces pour l'élever.

Huit années s'écoulèrent.

Au bout de ce temps, Périne rencontra un garçon parfaitement honorable, un Genevois, fabricant de boîtiers de montres, venu à Paris pour une exposition. — Il se prit d'amour pour elle, lui offrit de l'emmener à Genève, de l'épouser, malgré le passé, et de reconnaître sa fille.

En huit ans, le chagrin de Périne s'était bien atténué. — Elle ne pleurait plus, mais conservait du mort un souvenir doux et mélancolique.

L'idée de se marier ne lui serait jamais venue; néanmoins elle accepta cette union dans l'intérêt de sa fille, et elle épousa Charles Grandchamp qui les fit vivre modestement, les rendit heureuses toutes deux, et laissa Périne veuve après huit années d'une union sans nuages.

Nos lecteurs savent le reste.

Revenons aux deux libérés que nous avons quittés

au moment où ils achevaient de déjeuner dans le café-restaurant de l'auberge du *Martin-Pêcheur*.

En sortant de table Pascal donna suite à son projet d'écrire une lettre à Angèle, son ancienne amie, à Paris ; puis, après avoir mis cette lettre à la poste, il prit Jacques Lagarde par le bras et lui dit :

— Présentement, mon vieux copain, allons un peu dans la campagne admirer la belle nature...

— J'y suis d'autant plus disposé que la promenade est hygiénique après les repas...

Les environs de Joigny sont ravissants, surtout sur la rive droite de l'Yonne.

A perte de vue s'étendent les prairies d'un vert d'émeraude, semées de bouquets d'arbres aux feuillages épais.

Ces calmes horizons, baignés dans la brume matinale ou dans la chaude vapeur des soirs, offrent toute la poésie des tableaux de Corot.

Jacques, qui connaissait à fond son pays natal, conduisit son ami par un sentier charmant du côté de ces bouquets d'arbres.

Nos deux compagnons avaient allumé des cigares.

A un kilomètre de la ville, ils s'assirent sur le talus d'un fossé à l'ombre de trois ormes magnifiques, et Pascal prit la parole.

— Mon cher Jacques, — commença-t-il — je te dois l'explication des paroles qui ne pouvaient manquer de t'étonner un peu, et par lesquelles j'ai témoigné ma joie de la nécessité qui nous clouait à Joigny pour quelques jours... je te donnerai cette explication tout à l'heure et tu verras combien j'avais raison d'être satisfait...

— As-tu donc trouvé, céans, quelque mine d'or?

— Une mine d'or, c'est le mot.

— Explique-moi cette énigme.

— Je ne tarderai pas à le faire, mais causons d'abord de notre avenir, et des plans que j'ai conçus pour arriver vite et sans peine à la fortune rêvée par nous, une ample fortune qui nous permettra de satisfaire tous nos goûts, tous nos caprices, de mener enfin la grande vie, sans nous engager de nouveau dans les dangereux chemins conduisant à Nouméa en passant par la cour d'assises... — Or, je me suis laissé dire que le climat de Nouméa est des plus malsains. — Je n'éprouve donc aucune envie de faire sa connaissance.

— Et je préfère comme toi tout autre lieu de villégiature... — dit Jacques Lagarde en riant.

— Admirable en vérité !... Nous voici d'accord, comme toujours ! — J'aborde mon sujet : — Tu es médecin... médecin savant... très savant... tu as fait tes preuves...

— Hélas ! — murmura Jacques avec une intonation comique.

— Et non seulement médecin, continua Pascal — mais chirurgien de premier ordre...

— Ah ! ça, mais, mon cher camarade, m'as-tu donc amené dans ce lieu solitaire pour m'adresser des compliments ?... — demanda le libéré.

— Je ne te complimente pas, je constate tout simplement ton mérite, qui nous sera peut-être très utile un jour ou l'autre...

— Comment ?

— Je ne sais pas encore, mais je crois fermement que pour des gaillards de notre valeur il ne doit point y avoir de forces perdues... — je poursuis : — En ta qualité de médecin et de chirurgien, tu as fait de sérieuses études sur le cœur en même temps que sur le corps humain... Tu as fouillé, disséqué en quelque sorte, les tempéraments, les caractères, relevant chez ceux-ci un penchant irrésistible, chez ceux-là une passion dominante... et de ces multiples études a résulté pour toi la certitude, m'as-tu dit, que la guérison de l'être physique de beaucoup de gens était due à la connaissance approfondie qu'avait le médecin de leur être moral...

— Je l'ai dit parce que c'est vrai.

— Tu m'as en outre affirmé que chez la créature humaine, et je désigne par ces mots le sexe féminin aussi bien que l'autre, il existait en thèse générale, avec de très rares exceptions, deux passions primordiales sources de tous les vices et causes premières de tous les crimes.

— Oui, une double fièvre, la fièvre des sens et la fièvre du gain.

— Autrement dit, l'amour et le jeu...

— Parfaitement, et ces deux passions sont terribles... L'amour mène au crime et à la ruine comme le jeu, dont l'action dissolvante sur les âmes est d'une telle puissance qu'elle peut conduire à la folie... — L'amour étreint l'homme, mais le jeu le possède tout entier... — On peut guérir de l'un, l'autre est incurable... — De tout temps on a joué, mais jamais la passion du jeu n'avait atteint les mêmes développements qu'à notre époque... — Aujourd'hui la fièvre du jeu, en d'autres termes la fièvre du gain facile et sans travail, brûle les veines de tout le monde... — On a fermé les maisons de jeu, qui du moins rapportaient de grosses sommes à l'Etat, sottise! — Les tapis verts sont de vastes prairies, et les chevaux ont remplacé les cartes! — On a condamné la loterie, mais on a laissé ouverte la Bourse, cette grande usine de jeu où les gens s'enrichissent ou se ruinent selon le bon plaisir des hauts barons de la finance et de l'agiotage... — Les tripots sont pourchassés, mais on autorise les cercles, qui ne sont, les trois quarts du temps, que des tripots sous une autre étiquette!... — Le jeu, l'argent, l'amour, voilà les rois du monde!... — *Sa souveraineté le Jeu !...* — *Sa majesté l'Argent !...* — *Son altesse l'Amour !...*

— Très bien ! — dit Pascal. — C'est au mieux !... Je prévois qu'une fois de plus nous allons être d'accord !...

— Explique-toi donc !... Tu me fais languir !...

— Il faut bien procéder par ordre... — Tu vas toucher vingt billets de mille francs, qui nous permettront d'aller nous installer à Paris et d'y vivre honorablement jusqu'à la mise au point et à l'exécution du coup que je médite...

— Et dont tu ne m'as jusqu'ici parlé que d'une façon vague... — Il s'agit, m'as-tu dit, d'une affaire qui doit nous rapporter au moins trois cent mille francs...

— C'est cela...

— Quelle affaire ?...

— La chose la plus simple du monde... — Je compte puiser nuitamment et sans risquer grand'-chose dans une caisse toujours bien garnie... — Je suis au courant des habitudes du propriétaire de cette caisse... C'est un vieux brave homme infiniment maniaque... — Entre autres manies, il a celle de conserver sans cesse par devers lui, dans un endroit que je connais aussi bien que ma poche, des sommes importantes.

— Comment sais-tu tout ça ?

— J'ai été attaché pendant deux ans, en qualité de secrétaire, à la personne de cet original.

— Admettons que ses habitudes n'aient pas changé, et que l'argent se trouve sous ta main dans l'endroit en question, trois cent mille francs ne constituent pas la fortune de nos rêves... — Ce serait tout au plus une bourgeoise aisance, et nous voulons mieux que cela... beaucoup mieux...

— D'accord!... Aussi les cent mille écus ne seront-ils qu'un point de départ, une première mise de fonds pour ma grande entreprise...

— Tu y arrives donc enfin !.... — il ne te reste qu'à me dire quelle est cette entreprise...

— Une maison de jeu, tout bêtement...

Jacques Lagarde fronça les sourcils et haussa les épaules.

— Ah ! ça, mais, mon camarade, — s'écria-t-il, — tu deviens fou !

— Je ne crois pas...

— Fonder une maison de jeu, ce serait mettre en vingt-quatre heures la police à nos trousses et nous créer de nouvelles et désobligeantes relations avec le parquet.

— Oui sans doute, si nous fondions un tripot clandestin...

— Comptes-tu demander une autorisation qui te serait refusée avec enthousiasme ?

— Je ne suis point si sot !... — Il y a entre nous, dans ce moment, un malentendu, parce que je me suis servi tout à l'heure du mot brutal de *maison de jeu*... — une périphrase aurait été nécessaire pour te faire comprendre ma pensée et t'expliquer mon plan, dont voici les grandes lignes : — Nous nous installerons d'abord à Paris, non sous nos véritables noms qu'on pourrait retrouver dans la *Gazette des Tribunaux*, ce qui serait fâcheux, mais sous des noms d'emprunt rendus inattaquables par des actes réguliers que je saurai me procurer... — Tu ne seras plus le docteur Jacques Lagarde, condamné jadis à cinq ans de réclusion par la cour d'assises du département de l'Yonne. Tu deviendras, je suppose, le docteur Thompson, arrivant d'Amérique avec son secrétaire .. — le secrétaire, ce sera moi... Nous savons l'anglais tous les deux. — Le docteur Thompson se posera, dès son arrivée, en médecin philanthrope et millionnaire voulant faire à Paris beaucoup de bien et mener très grand train... Les journaux à *Informations* et à *Echos* raconteront en première page, moyennant un louis la ligne, les splendeurs de ton installation, la beauté de tes équipages, et annonceront que tu te proposes de recevoir ... — A Paris, mon cher, la poudre aux yeux vaut mieux que la vertu. — La police ramasse les gens sans asile, et quelquefois ce sont d'honnêtes gens, tandis qu'on salue tout bas les coquins qui ont hôtel, voitures et livrée... — Ça n'est pas discutable, ça !...

— Aussi je ne songe point à le discuter... — Continue...

XII

Pascal Saunier poursuivit :

— Une fois bien posé, le docteur Thompson ouvre ses salons à l'élite du monde parisien, à la fleur des colonies étrangères... — C'est à qui voudra se faire présenter chez lui... — Les millionnaires de tous les pays afflueront, ayant dans leurs poches des portefeuilles truffés de billets de banque... — Naturellement on jouera... On jouera même un jeu d'enfer, et nous sommes assez adroits tous les deux pour que la chance nous soit et nous reste favorable... — Que penses-tu de mon idée ?

— Je pense qu'elle est bonne en principe, — répondit Jacques Lagarde, — mais qu'il y manque quelque chose d'essentiel...

— Quoi donc ?

— Le docteur Thompson, puisque nous admettons

que je prendrais ce nom, pourra bien, grâce à la réclame, attirer dans ses salons fraîchement décorés quelques-uns de ces gens qui vont partout, mais ce sera maigre... — Les hommes à portefeuilles bien garnis, adorateurs fervents du baccarat, s'il faut choisir entre leur cercle et ma maison, préféreront leur cercle, parce que là, du moins, ils seront en pays de connaissance... — Il faudrait à l'attraction du jeu en ajouter une autre, l'attraction féminine... Allumer un fanal autour duquel les papillons de la Bourse et de la Banque viendraient voltiger et brûler leurs ailes... L'amorce les attirerait... le jeu les retiendrait... — La réussite ainsi serait certaine... Mais il faudrait trouver l'hameçon... l'amorce du piège... le morceau de lard de la souricière... — Où chercher cela?

— Inutile de chercher, j'ai trouvé...

— Tu as trouvé une femme réunissant les conditions voulues?...

— Oui... — une créature idéalement belle, invraisemblablement séduisante, qui fera sensation partout...

— Où diable as-tu déniché cet oiseau rare?

— Ici même.

— A Joigny!... allons donc!...

— A l'auberge où nous logeons depuis ce matin.

— Tu plaisantes...

— Jamais, quand il s'agit de choses sérieuses.
— Enfin, quelle est cette femme ?
— Une jeune fille...
— Des détails... je demande des détails...

Pascal raconta brièvement l'impression produite sur lui par Marthe Grandchamp, et ce que lui avait raconté le patron du *Martin-Pêcheur* au sujet de la mère et de la fille.

Jacques Lagarde écouta avec une attention extrême les explications de son ami.

— Très bien, — dit-il quand celui-ci eut achevé, — j'admets que tu ne te sois fait aucune illusion au sujet de mademoiselle Grandchamp, de qui tu parles avec tant d'enthousiasme... J'admets qu'elle ait la beauté, la grâce et le charme nécessaires pour être l'appât idéal de notre souricière... Tu oublies que cette jeune fille n'est point du tout à notre discrétion...

— Je crois que tu te trompes.

— Prouve-le moi.

— Raisonne un peu, et tu verras combien il doit nous être facile de la circonvenir et d'en faire une chose à nous... — Sa mère est à peu près condamnée, donc elle va rester seule au monde, sans soutien, sans ami, sans ressources... — l'isolement absolu... la misère noire... — Crois-tu que quiconque viendra lui proposer délicatement, adroitement, de la tirer d'une position si lamentable, ne sera pas considéré par elle comme un envoyé de la Providence ?

— La misère noire dont tu parles est une éventualité douteuse... — l'argent qu'elle attend arrivera peut-être...

— Je parierais volontiers dix mille contre un qu'il n'arrivera pas... — Ces deux femmes ont été dupes d'un vulgaire filou.

— Soit !... Mais enfin la mère n'est pas morte.. — Si malade qu'elle paraisse, elle peut guérir...

— Le propriétaire de l'auberge où nous logeons est d'un avis tout opposé.

— Son opinion ne signifie rien pour moi... j'aimerais mieux connaître celle du médecin qui la soigne... — Sais-tu comment s'appelle ce médecin ?

— Non, mais au fond ceci importe peu, car dans le cas même où il mettrait la malade en bonne voie de guérison, il ne pourrait achever son œuvre.

— Pourquoi cela ?

— Parce qu'il aura contre lui le plus puissant, le plus invincible des agents désorganisateurs, le manque d'argent. — D'abord et avant tout, n'étant plus payé, il cessera de donner ses soins... — Le pharmacien refusera de livrer les médicaments ordonnés... — Faute de monnaie le mal ne sera pas combattu... — Qu'est-ce que tu veux ?... la guérison coûte cher !...

— Il restera toujours la ressource de l'hôpital.

— D'accord, mais dans ce cas il faudra séparer la mère de sa fille et, faible comme elle l'est, cette séparation lui donnera le dernier coup... — Nous nous trouverons alors en face de l'orpheline sans gîte et sans un sou, prête à se jeter dans les bras du premier venu qui lui assurera un asile et du pain, en lui disant quelques paroles de consolation...

Jacques réfléchit pendant un instant.

— Cela est spécieux, — fit-il ensuite, — mais pas certain le moins du monde... — A dix-neuf ans une jeune fille intelligente, même sans habitude du monde, peut et doit avoir une dose de clairvoyance suffisante pour deviner le piège qu'on lui tendrait...

— Mademoiselle Grandchamp, quoiqu'intelligente est, paraît-il, d'une candeur phénoménale, — répliqua Pascal. — Ne soupçonnant rien des choses de la vie, elle se trouve sans armes par le fait même de cette ignorance. — Je t'affirme qu'elle verra en nous des sauveurs et rien que des sauveurs.

— Pour qu'il nous soit possible d'agir sur elle en temps utile, — fit observer Jacques Lagarde, — il faudrait que sa mère mourût, et nous ne commandons point à la maladie.

Pascal regarda son compagnon fixement, dans le blanc des yeux, en murmurant ces deux mots:

— Pourquoi donc pas?...

Sous le regard de Pascal, le libéré tressaillit.

Il comprenait la pensée de son ami.

— Quoi... tu voudrais... — balbutia-t-il.

— Ne point laisser échapper notre moyen de fortune, parbleu !! — acheva Pascal Saunier. — Nous en causerons... — Je tiens d'abord à ce que tu voies cette jeune fille... — Tu me diras alors si j'exagère en affirmant qu'il n'existe rien de comparable, ou tout au moins de supérieur à sa prestigieuse beauté...

— Moi, — fit Jacques Lagarde, — je voudrais savoir quel est le médecin qui soigne la mère... — Je connais tous mes confrères de Joigny, tous ceux du moins qui exerçaient déjà il y a cinq ans... — En quelles mains se trouve la malade ?... — le renseignement peut devenir utile...

— Lureau nous dira comment s'appele le docteur... — Rentrons-nous ?

— Encore un mot... — Tu m'as parlé de changements de noms...

— Ils sont indispensables...

— Songe que si je me glisse dans la peau du médecin américain Thompson, ou de tout autre, il me faudra des pièces absolument en règle, ne pouvant laisser aucun doute sur mon identité...

— Une fois à Paris je te les aurai, et je te prie de croire qu'aucun « visa », qu'aucune « légalisation » n'y manqueront !... — Ce sera correct et complet, et personne au monde ne pourra soupçonner le docteur Thompson de porter un nom qui n'est pas le sien...

— Personne n'aura d'ailleurs de motif de le soupçonner... — Pour moi tout ira bien, je le crois... — mais, toi ?

— Eh bien, moi ?

— Tu as vécu à Paris... tu es connu de beaucoup de monde... tu n'as pas changé depuis trois ans... Comment feras-tu ?

— Mon procès et ma condamnation ayant des causes insignifiantes, ont fait très peu de bruit... — Au moment des poursuites j'avais annoncé à bon nombre de mes amis que je me préparais à partir pour New-York... On doit croire que j'ai donné suite à ce projet, et personne ne s'étonnerait de me voir revenir d'Amérique avec le docteur Thompson... Je pourrais donc, sans grand inconvénient, garder mon nom, mais j'ai résolu cependant d'adopter celui de ma mère...

— Qui se nommait ?

— Sophie Rambert. — Je m'appellerai donc Pascal Rambert...

— Très bien... ce sera sage...

Les deux compagnons reprirent le chemin de Joigny et regagnèrent l'auberge du *Martin-Pêcheur*.

Ils allaient franchir le seuil de la salle du café-restaurant.

Pascal se recula vivement pour laisser le passage libre à une jeune fille qui sortait de cette salle.

En même temps il donnait un coup de coude à Jacques, et lui glissait dans l'oreille ces mots :

— C'est elle.

Le libéré n'aurait pas eu besoin d'être averti pour reconnaître du premier coup d'œil la personne dont Pascal lui avait fait le portrait.

Elle passait devant lui, et il restait plongé dans une sorte d'extase en présence de cette beauté sans égale.

Marthe avait traversé le restaurant afin de dire à M. Lureau qu'elle s'absentait pour quelques instants.

Elle allait au chemin de fer porter au bureau télégraphique une dépêche à destination de Genève.

La pauvre enfant, obéissant au désir de sa mère, employait ce moyen coûteux dans l'espoir de hâter la réponse du banquier.

Les deux jeunes gens la saluèrent avec une expression de profond respect. — Elle leur rendit ce salut par une légère inclination de tête et remonta le faubourg du côté de la gare.

— Eh bien ? — demanda Pascal. — Qu'en dis-tu ?

— Je dis que tu ne te trompais pas... Cette enfant est en effet d'une beauté divine, quoique ses traits soient assombris par la fatigue et par le chagrin...

— Si son visage était radieux au lieu d'être profondément triste, ce serait un éblouissement...

Le libéré ajouta avec un sourire :

— Il faudrait alors des lunettes à verres teintés pour la regarder, comme pour contempler le soleil en face !

— Tu conviens que je n'avais rien d'exagéré ?

— Oui. Tu étais même resté plutôt au-dessous de la vérité.

— Et tu comprends qu'il faut que cette jeune fille serve nos projets ? Qu'il le faut A TOUT PRIX ?...

Pascal appuya sur ces derniers mots.

— A TOUT PRIX, oui, je le comprends... — répliqua Jacques Lagarde.

Tous deux entrèrent dans le café.

Lureau, assis à son comptoir, mettait des comptes au net.

Il s'interrompit pour saluer ses hôtes.

Jacques se dirigea vers lui et lui demanda :

— Quel est le médecin qui soigne la malade dont le logement se trouve au même étage que notre chambre, et dont la fille sort d'ici ?

— Le docteur Gerbaut... — répondit l'aubergiste — le meilleur médecin de notre ville.

— En effet, — dit Jacques dont les sourcils se froncèrent, — j'ai entendu parler de lui comme d'un savant à qui on peut confier ses malades en toute sécurité.

— Parfaitement ! Parfaitement ! Ah ! vous connaissez le docteur Gerbaut de réputation ?...

— Beaucoup... — Ses confrères le vantent.

— Seriez-vous de la partie ?

— Oui, je suis médecin moi-même...

— Des environs, peut-être ?

— Non... je suis Américain et j'arrive de New-York, mais j'ai fait une partie de mes études à Paris...

— Et c'est en Amérique que vous avez entendu parler de notre docteur ?

— Sans doute.

— Si loin que ça !! — s'écria Lureau très flatté d'être le compatriote d'un homme célèbre.

— Cela n'a rien de surprenant... — M. Gerbaut a écrit des ouvrages de médecine fort estimés...

— Il en a écrit beaucoup, monsieur ! — Ah ! c'est un savant qui ne se mouche point du pied !... et, avec ça, pas plus fier que vous ou moi...

— Espère-t-il guérir cette pauvre femme ?

— Il le dit, donc il le pense. Mais vous savez bien, monsieur, que les plus habiles, — et il en est, — se trompent quelquefois... — Moi qui vois tous les jours madame Grandchamp, je crois qu'elle ne s'en tirera pas...

— Quelle est sa maladie ?...

— Ça a débuté en chemin de fer d'une façon si brusque et si compliquée qu'il a fallu la descendre à la gare de notre ville, et qu'il était impossible d'y rien comprendre... — Ensuite est venue une fluxion de poitrine qui a été guérie.... puis une rechute.

— Diable !... Tout cela paraît grave en effet.

— Mais puisque vous êtes médecin vous-même, monsieur, vous pourriez donner votre avis... — Il faut voir la malade...

Jacques Lagarde secoua la tête.

— Je ne puis faire cela... — dit-il.

— Pourquoi donc?

— Le devoir professionnel me défend d'aller sur les brisées d'un confrère; à moins d'être appelé par la malade elle-même... ou par sa fille...

— Rien de plus facile que de parler à mademoiselle Marthe... Elle porte une dépêche à la gare... Elle va rentrer... D'ailleurs il ne s'agit point d'aller sur les brisées du docteur Gerbaut, mais de faire à la pauvre dame une visite d'ami... On n'en parlerait même pas à votre confrère... — Après tout, moi, je ne lui veux que du bien, à la chère dame... — Je souhaite qu'elle guérisse et qu'elle puisse s'occuper personnellement de ses affaires qui, si elle venait à mourir, laisseraient sa fille dans de terribles embarras, car on les vole, bien sûr, on les vole toutes les deux comme au fond d'un bois !... — Quand ce ne serait que par charité, vous devriez la voir...

Jacques interrogea Pascal du regard.

Le jeune homme lui fit signe de consentir.

— Eh bien ! si vous y tenez, — répliqua Jacques, — je la verrai, non pas en médecin, mais en ami...

— A la bonne heure ! Quand mademoiselle Marthe rentrera, je lui en parlerai. Ah ! elle dira oui de grand cœur ! Elle sait bien que deux avis valent mieux qu'un !

— Vous me promettez que le docteur Gerbaut ne sera point instruit de ma démarche, qui pourrait le blesser ?...

— Eh ! oui, parbleu ! je vous le promets...

XIII

— En attendant mam'selle Marthe, — ajouta le patron du *Martin-Pêcheur* en allant prendre un registre sur son comptoir, — voulez-vous être assez aimables, messieurs, pour remplir une petite formalité en écrivant vos noms sur mon livre de police ainsi que l'exigent les règlements...

— Nous allons leur obéir... — dit Jacques en riant.
— Donnez-nous une plume et de l'encre...

Lureau présenta les objets demandés et ouvrit le livre.

L'aîné des deux libérés prit la plume et écrivit :

« *James Thompson, citoyen des Etats-Unis, docteur en médecine, habitant habituellement New-York. — Allant à Paris.* »

Il passa la plume à Pascal qui écrivit à son tour :

« *Pascal Rambert, secrétaire du docteur Thompson, né à Loches. — Allant à Paris.* »

— Merci, messieurs... — dit Lureau en fermant le registre après avoir glissé une feuille de papier brouillard entre les deux feuilles. — Vous voilà en règle et moi aussi...

A cette minute précise Marthe entra, un peu essoufflée par sa course rapide.

— Me voici de retour, monsieur Lureau... — fit-elle. — Je monte auprès de ma mère.

Elle allait se retirer.

L'aubergiste la retint par ces mots :

— Une minute, s'il vous plaît, mam'selle... J'aurais quelque chose à vous communiquer...

— Quelque chose ?... à moi ?... quoi donc ? — demanda la jeune fille prise d'inquiétude.

— Oh! rien qui puisse vous faire de la peine, au contraire... — Le docteur est venu ce matin visiter votre maman...

— Oui... — Est-ce qu'il vous a parlé d'elle ?

— Je ne l'ai pas vu aujourd'hui, mais je l'ai vu hier et il m'a dit qu'elle allait mieux...

— Ce matin, il a constaté que le mieux s'accentuait...

Pascal et Jacques, attentifs, écoutaient et regardaient, non moins charmés par la voix de cristal de la jeune fille que par sa beauté.

— Et vous, mam'selle, — reprit l'aubergiste, — comment la trouvez-vous, votre maman ?...

— Je n'ose avoir une opinion, — fit Marthe tristement, — je ne m'y connais pas... — La fièvre a cessé, c'est vrai, mais il me semble que la convalescence dont parle le docteur est bien lente à venir... Je ne vois pas ma pauvre mère reprendre des forces...

Lureau hocha la tête.

— Je sais bien que c'est long à retrouver, les forces, — dit-il, — mais voilà déjà du temps, selon moi, qu'elles devraient commencer à revenir... Le docteur Gerbaut est un bon médecin, chacun sait ça... Sa réputation est faite... Mais enfin il est déjà vieux... il conserve les vieilles méthodes, et la science a marché... Les jeunes gens sont plus hardis, ils osent davantage... ils voient plus clair, n'ayant point besoin de lunettes... J'aimerais connaître l'avis d'un jeune docteur sur la maladie de votre maman... Et vous, mam'selle, est-ce que ça ne vous plairait pas ?

— Ma mère a confiance en son médecin... — répondit Marthe. — Lui proposer d'adjoindre à M. Gerbaut l'un de ses confrères, l'effrayerait certainement... D'ailleurs, vous savez comme moi que les consultations coûtent cher... et nous ne sommes pas riches...

— Sans doute... sans doute... Aussi je ne vous parle point de consultation... — Il faudrait un jeune médecin qui, à l'insu du docteur Gerbaut, viendrait voir votre maman en ami...

— Ce jeune médecin qui viendrait *en ami*, — (Marthe appuya sur ces deux mots), — comment voulez-vous que je le trouve ici où je ne connais personne ?... Où personne ne s'intéresse à moi ?...

— Me comptez-vous donc pour rien, mam'selle ? — fit l'aubergiste d'une voix mielleuse. — Je vous suis tout dévoué, ainsi qu'à votre chère maman...

— Connaissez-vous un jeune médecin qui voudrait la voir ?...

— Positivement... Un médecin américain de la nouvelle école, à qui je parlais de votre maman tout à l'heure, et qui se ferait un plaisir de vous donner son avis en toute franchise...

Marthe avait jeté un coup d'œil furtif vers Pascal Saunier et Jacques Lagarde, comme si elle devinait qu'il était question de l'un d'eux.

— Eh bien ! mam'selle, — demanda Lureau, — qu'est-ce que vous avez à répondre à ça ?... — Voulez-vous ?

— Mais — balbutia Marthe, — je ne saurais comment annoncer cette visite à ma mère...

— Si vous y consentez, je me charge de l'annonce...

La jeune fille réfléchit pendant une seconde.

Elle pensait qu'au fond l'aubergiste devait avoir

9.

raison, et que le docteur Gerbaut pouvait s'illusionner dans un sens ou dans l'autre.

Le résultat de ses réflexions se traduisit par cette question :

— Quand l'annonceriez-vous ?

— Tout de suite si vous voulez, mam'selle, car j'ai l'honneur de vous présenter monsieur le docteur Thompson, et son secrétaire...

En disant ce qui précède Lureau, de l'air digne d'un maître de cérémonies émérite, désignait les jeunes gens.

Tous deux s'inclinèrent respectueusement.

Marthe, très timide, devint pourpre.

Jacques Lagarde s'avança.

— Il y a quelques instants, mademoiselle, — dit-il en saluant de nouveau, — le maître de cette maison nous parlait de madame votre mère en termes si chaleureux, avec une telle expression d'intérêt, que je lui ai offert aussitôt de vous donner mon avis, en ami bien plus qu'en médecin, sur l'état de votre chère malade... — Je n'ai pas la prétention, croyez-le bien, de dépasser, ni même d'atteindre le niveau de la science de mon honorable confrère, le docteur Gerbaut; mais parfois on a plus de rectitude dans le coup d'œil pour juger une situation dans son ensemble, quand on la voit pour la première fois... — Je me mets à vos ordres, mademoiselle ; — mon concours cordial et désintéressé vous est acquis. — A vous de l'accueillir ou de le repousser...

— Comment pourrais-je le repousser, monsieur?... — répondit Marthe avec émotion. — Je serai trop heureuse que vous puissiez constater vous-même le bien fondé des affirmations du docteur Gerbaut, en ce qui touche à la prochaine convalescence de ma mère... — Grâce à vous, je serai doublement rassurée... — J'accepte donc avec reconnaissance votre généreuse intervention... — Venez...

Un éclair de joie passa dans les prunelles de Pascal Saunier.

— Voilà qui nous donne nos grandes entrées... — pensa-t-il. — Le reste ira tout seul !!

Jacques vit cet éclair et sourit à la dérobée.

Les trois hommes montèrent au second étage avec Marthe qui les précéda dans la chambre de la malade.

— Mère, — dit-elle, - je ne suis pas seule... — M. Lureau et deux de ses amis m'accompagnent... — ils te portent un grand intérêt et viennent demander de tes nouvelles.

Périne se soulevant dans son lit, tourna les yeux vers les visiteurs et fit un geste de gratitude.

Le libéré des prisons de Nîmes était, nous le savons, très habile.

Nous devons ajouter qu'il pouvait même passer

pour un médecin absolument de premier ordre, ayant fait de brillantes études et se trouvant pourvu d'aptitudes spéciales et d'une intelligence hors ligne.

Si ses mauvais instincts ne l'avaient point poussé dans une voie funeste, il aurait infailliblement pris rang parmi les princes de la science moderne.

Au moment même où il franchissait le seuil de la chambre, ses regards se fixèrent sur le visage pâle et défait de madame Grandchamp.

Un seul coup d'œil lui permit de constater l'effrayant travail de destruction accompli par la maladie dans l'organisme de la pauvre femme.

Il lui restait à se rendre compte de tout par des observations de détail.

L'aubergiste s'était approché du lit en donnant à son large visage une expression souriante.

— Eh bien ! chère m'ame Grandchamp, comment allons-nous aujourd'hui ?... — demanda-t-il.

— Il me semble que ça va mieux, beaucoup mieux même... — répondit la malade. — Je vous remercie bien de l'intérêt que vous me portez, ainsi que ces messieurs...

Et elle examinait curieusement les deux étrangers.

Jacques était frappé du son caverneux de la voix de la malade.

Lureau reprit :

— Je suis donc monté chez vous avec les amis que voilà... — l'un d'eux est médecin, plein de mérite, et je me suis permis de demander à mam'selle Marthe l'autorisation de vous amener le docteur... histoire de nous dire quand vous serez tout à fait sur pied... car il s'y connaît, je vous en fiche mon billet.

— Je vous suis très reconnaissante de votre bonté, monsieur, — dit la malade à Jacques Lagarde qui s'approchait et qui lui prit la main, pour appuyer deux de ses doigts sur l'artère. — Vous allez voir, comme le docteur Gerbaut, que je vais presque tout à fait bien.

Ces quelques paroles de Périne furent coupées à deux reprises par des accès de cette toux sèche, si pénible à entendre, dont nous avons déjà constaté l'existence.

— Toussez-vous habituellement ainsi ? — demanda Jacques Lagarde en s'asseyant auprès du lit sur une chaise que Marthe venait de lui avancer.

— Beaucoup moins depuis hier, — répondit madame Grandchamp, — depuis que j'ai pris une potion et des pilules ordonnées par le docteur Gerbaut...

— Vous avez eu ces jours-ci une forte fièvre, n'est-ce pas ?

— Oh ! très forte... mais elle a cessé...

— Pas complètement, — dit Jacques, — car en ce moment vous l'avez encore un peu... — néanmoins votre pouls m'indique qu'elle ne tardera pas à céder... — Êtes-vous altérée ?

— Beaucoup.

— Avez-vous de l'appétit ?

— Un peu ; mais le docteur me condamne à la diète...

— Et il a grandement raison... — Vous avez été atteinte par une congestion pulmonaire qui pouvait vous emporter en un petit nombre d'heures et qui a été fort bien soignée... — Vous avez sans doute fait quelque imprudence et une rechute très dangereuse en est résultée...

— C'est vrai... — Me croyant plus forte que je ne l'étais, j'ai voulu me lever malgré la défense du docteur... et j'ai pris froid...

— Les convalescences des congestions pulmonaires, fluxions de poitrine, pleurésies et autres affections du même genre, demandent des soins infinis, prolongés, et la prudence la plus absolue... — Faute de cette prudence et de ces soins, le mal aux trois quarts vaincu fait un retour offensif, et neuf fois sur dix emporte l'imprudent malade. — Avez-vous la tête lourde ?

— Par instants, oui monsieur...

— Pas d'élancement au cœur !...

— Non, mais un peu plus haut... là...

Madame Grandchamp posa sa main sur l'endroit où elle sentait une douleur assez vive.

Jacques y appuya son oreille.

— Veuillez respirer fort... — dit-il.

La malade obéit.

Après avoir écouté pendant une ou deux secondes, le jeune médecin, changeant de position, appuya son oreille sur la partie des épaules correspondant au point douloureux de la poitrine, et il pria la malade de respirer fortement de nouveau.

— Je suis content des résultats de mon examen... — fit-il en se redressant. — Cela va bien... très bien. — Il existe un reste d'inflammation au poumon gauche... Elle ne tardera pas à disparaître... — Le docteur Gerbaut, mon distingué confrère, ne se trompait point dans son diagnostic... — Votre état, madame, est très satisfaisant et il s'améliorera de jour en jour, mais à de certaines conditions...

— Lesquelles, monsieur? — demanda vivement Marthe dont le délicieux visage resplendissait de joie, car elle commençait à se sentir vraiment rassurée par les affirmations du médecin américain.

— D'abord il faut suivre strictement, religieusement, les ordonnances de mon confrère, et prendre de la façon la plus ponctuelle les médicaments prescrits, aux heures indiquées. — Ensuite (et sur cela, principalement, j'insiste, car l'importance en est capitale), il faut éviter toute préoccupation triste, toute inquiétude, toute émotion. — Il suffirait d'une émotion violente pour anéantir en quelques minutes les bons résultats obtenus lentement jusqu'ici.

— Le docteur Gerbaut nous avait déjà dit cela ! — s'écria Marthe. — Il affirmait que la moindre émotion serait funeste à ma mère.

— En affirmant cela, il n'exagérait point, mademoiselle. — Heureusement un danger prévu n'est plus guère à craindre puisqu'il peut être évité. — La guérison de madame votre mère est certaine et ne se fera pas attendre.

— Oh ! monsieur, que vous me rendez heureuse et que je vous suis reconnaissante !... — balbutia la jeune fille, les mains jointes et les yeux pleins de larmes de joie et d'attendrissement. — Je vous remercie du fond de mon âme !... Vous m'avez rendu le courage, la force, l'espérance !... — Vos paroles s'accordent si bien avec celles du docteur que maintenant je ne doute plus ! ma mère est sauvée !...

Jacques Lagarde se leva.

— Et moi, mademoiselle, — répliqua-t-il, — je suis plus heureux que je ne saurais le dire de vous avoir donné cette certitude... — Ayez toute confiance en votre médecin habituel... — Il vient de faire une cure de premier ordre...

Il ajouta, en s'adressant à Périne :

— Adieu, madame, et bon espoir... — Il ne vous faut plus qu'un peu de patience... Vous serez bientôt debout...

— Merci, monsieur... Merci cent fois ! — bégaya madame Grandchamp, — c'est le bon Dieu qui vous a conduit ici...

Les trois hommes sortirent, reconduits jusque sur le carré par Marthe rayonnante.

Après quelques mots échangés avec le patron du *Martin-Pêcheur*, Jacques et Pascal rentrèrent dans leur chambre.

— Eh ! bien — demanda Pascal à Jacques quand la porte se fut refermée derrière eux — que penses-tu de cette femme ?

— Ce que tu viens de m'en entendre dire.

— Sérieusement ?

— Très sérieusement. — Mes paroles étaient l'expression littérale de ma pensée sur madame Grandchamp.

— Elle m'a fait, à moi, l'effet d'une morte qui parle.

— Avant quinze jours, grâce aux soins de mon confrère Gerbaut, cette morte sera sur pied, en pleine convalescence, gardant, il est vrai, à la suite de sa maladie, une affection du cœur, ce qui ne l'empêchera point de vivre longtemps, si sa mort n'a point d'autre cause que cette affection... — Il faut donc renoncer à faire de sa fille une chose à nous, et à nous en servir comme d'un instrument de fortune... et c'est dommage, car l'instrument était merveilleux.

XIV

Pascal bondit.

— Renoncer à faire de Marthe Grandchamp l'instrument de notre fortune — répéta-t-il, — tu plaisantes, mon cher !

— Assurément non, — répondit Jacques.

— Alors tu deviens fou !

— Pas davantage... seulement je vois l'impossibilité d'enlever l'enfant à sa mère qu'elle aime... et quant à songer à mettre la mère dans notre jeu en même temps que la fille, c'est ça qui serait de la folie !... L'essayer seulement constituerait pour nous le pire des dangers...

— Tu me parais ne tenir aucun compte d'un incident très proche, selon toute apparence, et qui doit nous servir...

— Quel incident ?

— La ruine absolue... le dénuement complet...

— Même ruinée, même dans une misère effroyable, la mère n'accepterait ni la position que nous voulions faire à sa fille, ni le jeu que nous comptions lui faire jouer. — Il y a des âmes fortes qu'on ne plie pas... des natures honnêtes qui demeurent honnêtes malgré tout...

— Soit !... Mais il nous reste une autre chance... et très sérieuse... — Comprends-tu ?

— Non. — De quoi parles-tu ?

— J'évoque tes propres paroles : — Une émotion, tu le disais toi-même tout à l'heure, tuerait madame Grandchamp.

— Je l'ai dit et je le répète, car l'affection du cœur prendrait un développement soudain dont le résultat serait fatal.

— Eh ! bien, que la nouvelle de la ruine arrive à l'improviste... — Que madame Grandchamp se sache brusquement dupée, dépouillée, par le banquier dépositaire de sa petite fortune, et l'émotion éprouvée amènera le résultat prédit... — La mère étant foudroyée, la fille orpheline est à nous !... — Trouves-tu mon raisonnement logique ?

— Je trouve que tu fais des suppositions, voilà tout...

— Suppositions qui se changeront promptement en réalité.

— Qui te le fait croire ?

— Ma conversation de ce matin avec notre hôte. fort au courant de ce qui se passe... — On demande au banquier, détenteur des fonds, de l'argent qu'il n'envoie pas... On écrit lettres sur lettres... le banquier ne prend même point la peine de répondre...

— Il me semble que c'est limpide !! La filouterie du susdit banquier saute aux yeux... le doute est impossible !...

— Je conviens que les apparences te donnent raison ; mais combien de choses qui semblent inexplicables s'expliquent tout à coup de la façon la plus simple du monde...

Pascal haussa les épaules avec impatience, puis il reprit :

— J'admettrai l'impossible, puisque tu y tiens ! — Il n'en est pas moins vrai qu'il faut que Marthe Grandchamp soit à nous.

— Il le faudrait... oui...

— Eh bien ! nous sommes ici près de sa mère, porte à porte... Tu es médecin... Les deux femmes ont en toi toute confiance... Si l'émotion dont nous avons besoin ne vient pas, tu peux la remplacer...

Jacques regarda Pascal comme il l'avait déjà regardé une heure auparavant.

— Tu reviens à cette idée... — fit-il en fronçant les sourcils.

— J'y reviens comme à une planche de salut dont, à défaut d'autre, nous ferons usage... — Marthe Grandchamp dans nos mains, c'est la réalisation possible du plan que j'ai conçu, du rêve que j'ai fait... — C'est la richesse certaine, prochaine !... — Il faut que la mort de la mère mette la fille dans la nécessité absolue de se confier à nous et de servir inconsciemment nos projets... — Périne Grandchamp est un obstacle, et les obstacles, on les supprime ! — A toi de supprimer celui-là ! — Les deux femmes, très touchées de l'intérêt que tu leur témoignes, seront doublement heureuses de te recevoir, et comme médecin et comme ami... la chambre de la malade t'est donc ouverte... — Marthe s'absente forcément de temps à autre, ne fût-ce que pour aller chez le pharmacien... Tu profiteras adroitement d'une de ces absences, sinon pour mettre à la place d'une potion ordonnée par ton confrère une potion préparée par toi, au moins pour ajouter quelque chose au breuvage... quelque chose de... décisif...

La tête basse, les mains crispées, le front barré d'un pli profond, Jacques écoutait Pascal.

Des gouttes de sueur mouillaient ses tempes.

— Ce serait hideux !... — bégaya-t-il.

— Eh bien ! après ? — répliqua cyniquement Pascal. — Lorsqu'on a des scrupules bêtes, il faut faire métier d'honnête homme et se serrer le ventre quand le dîner manque à l'appel !... — Nous sommes ici pour quelques jours... Tu as le temps de prendre tes mesures et d'agir...

On frappait à la porte de la chambre.

Jacques Lagarde se leva et passa la main sur son front, comme pour en chasser les pensées qui l'avaient assombri.

Pascal se dirigea vers la porte et l'ouvrit.

La servante de l'auberge venait prévenir les voyageurs que le dîner était servi.

Ils descendirent se mettre à table.

Remontons au second étage.

Marthe, — nous le savons déjà, — avait été très heureuse de la visite du prétendu docteur Thompson dont les affirmations, en parfaite concordance avec celles du médecin de Joigny, lui permettaient de considérer comme certaine la guérison complète de sa mère.

Cette pensée lui faisait oublier tout.

Elle ne songeait plus à la misère heurtant à sa porte. — Les déceptions, les chagrins, les douleurs probables que lui réservait l'avenir, disparaissaient dans un radieux mirage.

Non seulement sa mère ne mourrait pas, mais elle recouvrerait sa force et sa santé ; — deux médecins venaient de le lui promettre.

A côté de cela, qu'importait le reste?

Aussi le visage de la jeune fille rayonnait, et la joie la plus pure remplissait son cœur.

La nuit arriva.

Marthe se coucha et, pour la première fois depuis le début de la maladie de sa mère, elle dormit d'un calme sommeil que ne vinrent point hanter des rêves de mauvais augure.

Jacques Lagarde devait, le lendemain de ce jour, aller de nouveau chez le notaire où l'appelait le règlement de ses affaires d'intérêt.

Il s'y rendit de bonne heure, laissant Pascal fouiller le scénario de ses grands projets, comme un auteur dramatique qui lime et polit un plan de pièce.

De son côté, Jacques se demandait quel moyen imprévu, quelle circonstance inattendue, mettraient à leur discrétion cette enfant dont la beauté souveraine devait si puissamment les servir.

On connaît l'influence du moral sur le physique.

Madame Grandchamp, subissant cette influence, favorable cette fois, avait passé une nuit relativement très bonne, ce qui se voyait bien à son visage reposé, aussi Marthe, le cœur léger, guettait avec impatience l'arrivée du docteur Gerbaut.

Vers neuf heures et demie, il fit son entrée et se montra sérieusement satisfait de l'état dans lequel il trouvait la malade, paraissant même presque surpris des progrès en *mieux* qu'ils n'attendait pas si rapides.

Naturellement, la mère et la fille se gardèrent bien de lui parler de la visite faite la veille par le docteur Thompson ; — il aurait pu s'en formaliser, car les médecins, — (personne ne l'ignore) — sont ombrageux et susceptibles tout autant que les gens de lettres, les artistes, les acteurs et les avocats, ce qui n'est pas peu dire !...

— Désormais, chère madame, — fit-il, — vous êtes hors d'affaire... Il ne vous faut plus que des soins, et ils ne vous manqueront certes pas, car vous avez en mademoiselle votre fille la meilleure des garde-malades. — Vous voyez que je ne m'illusionnais point en annonçant votre prochaine convalescence...

— Ah ! cher docteur, — s'écria madame Grandchamp avec effusion, — vous m'avez sauvée... vous m'avez conservée à ma bien-aimée Marthe... quelle reconnaissance ne vous dois-je pas ?

— Vous ne m'en devez aucune, — répliqua le médecin, — c'est moi qui suis heureux d'avoir mené à bien une cure difficile et dont je crois, soit dit entre nous, pouvoir tirer quelque vanité !

Il ajouta en s'adressant à Marthe :

— Je vais, mademoiselle, vous faire une ordonnance pour deux jours... — L'état si rassurant de madame votre mère rend inutiles mes visites quotidiennes. — Je ne reviendrai qu'après demain...

— Mais, — demanda vivement la jeune fille, reprise d'inquiétude, — si cependant, demain, ma mère avait besoin de vous?... — Il faut tout prévoir, même un accès de fièvre sans gravité...

— C'est bien improbable... Cependant, si contre toute attente il survenait un changement que je crois impossible, vous me feriez appeler, voilà tout... Rassurez-vous donc...

Le docteur prit congé de madame Grandchamp et suivit Marthe dans la première pièce où il allait écrire son ordonnance.

— Vous pouvez commencer à donner quelques aliments à notre convalescente, mademoiselle, — dit-il, — un œuf à la coque pas trop cuit... Quelques cuillerées de bouillon de poulet, et un demi-verre de vieux vin de Bordeaux... — Il y en a d'excellent dans la cave de Lureau... — Aujourd'hui et demain elle suivra ce régime. — Je verrai après-demain si je dois, comme je l'espère, autoriser une nourriture plus substantielle. — Je vais donner maintenant la formule des médicaments nouveaux qui ramèneront les forces, et hâteront par conséquent la guérison complète.

Le docteur Gerbaut se mit à écrire.

L'ordonnance était longue, contenant une nomenclature de potions compliquées, et en outre force détails sur le régime à suivre.

En la remettant à Marthe il lui recommanda de se rendre sans retard chez le pharmacien afin que ses prescriptions ne subissent aucun retard.

Puis il empocha les trois francs prix de sa visite et se retira.

Retirée seule, Marthe fixa ses yeux sur l'ordonnance avec une réelle épouvante.

Nombreux étaient les médicaments indiqués.

Or, les pharmaciens ont l'habitude louable — (louable au point de vue de leurs intérêts bien entendu!) — de faire payer quarante sous ce qui en vaut dix.

A coup sûr, la somme à payer pour l'ordonnance dépasserait le chiffre du peu d'argent qui lui restait dans les mains.

Un moment, la jeune fille parut accablée, anéantie, mais cette prostration dura peu.

Ranimée soudainement, elle releva la tête.

— La convalescence de ma mère est en bonne voie, — se dit-elle, — et la guérison sera bientôt complète... — Je pourrai dans quelques jours chercher du travail et, si cette maudite lettre n'arrive pas, subvenir à nos besoins avec mon aiguille... — Je ne dois donc plus hésiter... Le sacrifice s'impose... et d'ailleurs est-ce un sacrifice?

Marthe rentra dans la chambre de Périne et s'approcha du lit.

— Mère chérie, — murmura-t-elle en entourant la pauvre femme de ses bras et en la pressant contre son cœur, — tu es guérie... Que je suis heureuse! Si tu savais quelle joie m'inonde!! Il me semble que je n'ai jamais si bien compris le bonheur de vivre et d'avoir une bonne mère!

La convalescente rendit à Marthe avec effusion les baisers qu'elle venait d'en recevoir.

— Tu vas pouvoir manger aujourd'hui... le docteur l'a permis... — continua la jeune fille, — je te ferai servir un œuf frais, un peu de bouillon, un doigt de vin, et avant la fin de la semaine tu seras debout...

— Oui, chère mignonne... — Je sens déjà que les forces me reviennent... — Il s'est fait un grand changement en moi depuis hier...

Marthe avait jeté sur ses épaules une mante et attachait les brides de son chapeau.

— Tu sors? — lui demanda madame Grandchamp.

— Oui, mère.

— Où vas-tu?

— Chez le pharmacien d'abord, pour l'ordonnance du docteur, et ensuite faire apporter tout ce qu'il te faut. — Nous déjeunerons ensemble aujourd'hui...

— Va donc, chère mignonne... Va... et reviens vite...

Marthe donna un nouveau baiser à sa mère, prit un petit panier pour y placer ses provisions, et partit.

Pascal s'était mis au guet dans sa chambre dont il avait entrebâillé la porte.

Il avait vu arriver et partir le docteur.

Il attendit la sortie de Marthe.

Lorsqu'il entendit s'ouvrir la porte du logement de ses voisines, il sortit vivement de sa chambre, de manière à se trouver sur le carré en même temps que la jeune fille.

Pour gagner l'escalier de l'auberge elle était obligée de passer devant lui, ce qu'elle fit en s'inclinant à demi pour répondre au salut de Pascal qui, au moment où elle mettait le pied sur la première marche, l'arrêta par cette question :

— Comment se trouve madame votre mère aujourd'hui, mademoiselle ?

Marthe, une main appuyée sur la rampe, fit halte pour répondre avec un sourire :

— Mieux, monsieur... beaucoup mieux.

— Voilà une heureuse nouvelle, et qui me rend très heureux, je vous assure... — le docteur est-il venu ?

— Oui, monsieur... — il n'y a pas plus de cinq

minutes qu'il a quitté ma mère... — il a été très content d'elle et lui a permis de manger un peu.

— Vous ne lui avez point parlé de la visite que le docteur Thompson vous a faite hier ?...

— Oh! monsieur, je m'en serais bien gardée...

— Vous avez eu raison, mademoiselle... — Veuillez, en rentrant, je vous en prie, présenter mes respects à madame votre mère...

Marthe s'inclina de nouveau et descendit.

Pascal alla s'installer dans la salle du café-restaurant, attendant Jacques Lagarde.

La jeune fille courut d'abord porter son ordonnance chez le pharmacien qui lui demanda une demi-heure pour préparer les médicaments.

De là elle se rendit sur la place, à cette boutique de bijoutier-brocanteur où nous l'avons vue vendre, deux jours auparavant, les reconnaissances du Mont-de-Piété.

On se souvient que ce bijoutier avait offert 130 francs de la médaille d'or qu'elle portait au cou, et qui devait — (s'il fallait en croire sa mère) — contribuer, lorsqu'elle aurait atteint sa vingt et unième année, à la mettre en possession d'une fortune.

XV

La note à payer au docteur Gerbaut et le prix des médicaments avaient bien vite absorbé l'argent produit par la vente des reconnaissances.

Pour continuer les soins que réclamait la convalescence de madame Grandchamp et pour hâter sa guérison complète, il fallait remplir de nouveau la bourse vide.

Marthe conservait bien un vague espoir que sa mère ne perdrait point le petit capital placé chez le banquier de Genève, mais aucune parcelle de ce capital ne se trouvait à sa disposition immédiate, et les besoins urgents du présent lui commandaient de façon impérieuse le sacrifice de l'avenir.

La jeune fille entra chez le bijoutier avec une émotion vive, avec un violent battement de cœur, mais son parti était pris.

Elle se commandait la résignation.

Madame Grandchamp avait bien souvent parlé à Marthe de la fortune devant résulter pour elle, à l'époque de sa majorité, du hasard qui l'avait fait naître le 10 mars 1860 dans le sixième arrondissement, et tout en écoutant ce récit comme une sorte de conte de fées, la pauvre enfant formait de riants projets et trouvait mille emplois, plus charmants les uns que les autres, à cette richesse tombée du ciel.

A cette heure, son esprit ne renfermait plus qu'une pensée dans laquelle s'absorbaient et disparaissaient toutes les autres, la guérison de sa mère.

Au moment où elle franchissait le seuil de la boutique, le bijoutier reconnut sa jolie cliente.

— Auriez-vous encore besoin de mes services aujourd'hui, mademoiselle? — lui demanda-t-il.

— Malheureusement, oui, monsieur.... — répondit-elle avec un soupir. — Il ne me reste presque rien de l'argent que vous m'avez donné avant-hier, et ma mère est toujours malade... — D'un autre côté, les fonds que nous attendons n'arrivent pas, et je viens vous demander si vous êtes toujours disposé à m'acheter la médaille d'or dont vous avez fait l'estimation...

— Mais sans doute, mademoiselle... je maintiens mon offre...

Marthe détacha le cordon de soie, noué autour de

son cou, qui soutenait la médaille cachée dans le sachet de drap.

Sa main tremblait.

De grosses larmes montaient à ses yeux malgré tous ses efforts pour les contenir.

Elle appuya ses lèvres sur le disque d'or dont elle allait se séparer, et son visage offrait une indicible expression de douleur.

Le bijoutier regardait sa cliente avec un intérêt dont il ne pouvait se défendre.

— C'est un bijou de famille, n'est-ce pas mademoiselle? — demanda-t-il. — Un souvenir?

— Un souvenir, oui, monsieur, — répondit Marthe d'une voix étranglée. — Le motif impérieux que vous connaissez dicte ma conduite ; je n'ai pas le droit de reculer, mais je ne puis me défaire sans un profond regret d'un objet qui m'a été donné le jour de ma naissance... — Le voici, prenez-le...

— N'existe-t-il donc aucun moyen de conserver cet objet qui, en dehors de sa valeur matérielle, est si précieux pour vous?

— Aucun, monsieur. — Je vous répète que ma mère est malade... — Le docteur a prescrit des médicaments ce matin, je les ai commandés. — J'irai tout à l'heure les chercher, et il faut de l'argent pour payer le pharmacien...

— Je comprends cela à merveille, mademoiselle,

mais il est possible et facile de vous procurer des ressources avec ce bijou sans le vendre... — si je l'achète vous ne pouvez pas espérer le revoir, car je ne l'achèterai que pour le fondre... — si au contraire vous l'engagez au Mont-de-Piété, vous pouvez rentrer en possession de lui le jour où vous aurez les fonds nécessaires au dégagement.

Une expression de joie vive illumina le visage de Marthe.

— Vous pensez donc que le Mont-de-Piété consentira à me prêter sur cette médaille ? — demanda-t-elle.

— Cela ne fait pas l'ombre d'un doute... — les matières d'argent et d'or sont acceptées comme nantissement.

— Je n'y avait point pensé...

— Eh bien, pensez-y... et puisque vous tenez à ce souvenir, — chose d'ailleurs bien naturelle ! — engagez-le au lieu de le vendre...

— Oh ! monsieur, combien je vous remercie de votre conseil, — s'écria Marthe avec élan. — J'ai sur moi les papiers nécessaires, — je vais aller bien vite au Mont-de-Piété... — Du moins ainsi je ne perdrai pas ce bijou, car j'espère des temps meilleurs... — Merci encore, et pardonnez-moi le dérangement que je vous ai causé...

— Vous ne m'en avez causé aucun, mademoiselle,

et je suis très content d'avoir pu vous être utile à quelque chose...

La jeune fille courut au bureau d'engagement du Mont-de-Piété.

Au bout d'un quart d'heure, elle en sortait sans la médaille du comte Philippe de Thonnerieux, mais en emportant une somme de cent vingt-sept francs cinquante centimes, et une reconnaissance sur laquelle le bijou, objet du dépôt, se trouvait ainsi désigné :

« *Une médaille or, premier titre, poids cinquante-cinq grammes, — portant d'un côté ces inscriptions superposées : 6. — 1860 — 10 MARS. — et sur l'autre côté ces trois mots également superposés :* LA — LA — COUR. »

Marthe rayonnait.

Elle alla prendre les médicaments chez le pharmacien, fit ses petites emplettes et revint auprès de Périne dont le visage, comme celui de sa fille, offrait une expression joyeuse.

* *

Dans la salle du café-restaurant Pascal Saunier attendait toujours Jacques Lagarde et, tout en l'attendant, il lisait un journal de Paris et le lisait avec conscience, passant des articles politiques aux *Échos*, aux *Informations* et aux *Nouvelles de l'Étranger*.

Sous cette rubrique, quelques lignes attirèrent particulièrement son attention.

Il les dévora, tressaillit, tandis que ses yeux brillaient d'une flamme étrange, et il recommença la lecture du paragraphe, mais cette fois lentement, ligne par ligne et mot par mot.

Voici ce paragraphe :

« GENÈVE. — Un banquier dont la maison inspirait la plus grande confiance, dont le crédit semblait établi sur des bases solides, et dont personne ne songeait à mettre en doute l'honorabilité, est en fuite depuis quinze jours. Il laisse un passif de plus de trois millons et un actif absolument nul. La banqueroute frauduleuse vient d'être déclarée. — La police recherche activement cet homme qui emporte avec lui la fortune de bien des familles. »

— A coup sûr, — se dit Pascal avec son mauvais sourire, — ce banqueroutier n'est autre que le banquier dont le deux femmes de là-haut attendent si impatiemment une lettre chargée qui n'arrive pas... et pour cause ! — Eh bien, mais il me semble que nous avons là tous les éléments de l'émotion nécessaire, du coup de foudre demandé. — Décidément, la chance nous favorise et le diable est pour nous ! — Dans l'état de délabrement complet où elle se trouve, la vieille dame, en apprenant à l'improviste qu'il ne reste plus un radis à elle et à sa fille, ne pourra se remettre du saisissement causé par cette nouvelle, et il ne sera point nécessaire de recourir aux grands moyens.

L'ex-secrétaire du comte de Thonnerieux en était là de son monologue quand Jacques rentra.

— Tout est en règle, — dit-il à Pascal, — les signatures sont données, les actes à l'enregistrement. — Il ne me reste plus qu'à toucher les vingt mille francs de l'héritage paternel. — Ici, rien de nouveau?

— Pardon, mon cher, il y en a, — répliqua le jeune homme.

— Bon ou mauvais ?

— Excellent... — Nous tenons le coup de foudre ; Marthe Grandchamp ne nous échappera pas...

— Comment ? explique-toi !...

— Regarde...

Et Pascal tendit à son ami le journal, en lui indiquant du doigt le paragraphe reproduit par nous.

Jacques lut attentivement, et la satisfaction que lui causait cette lecture se peignit sur son visage.

Cependant, après une ou deux secondes de réflexion, il fronça le sourcil et dit:

— Ah ça! mais il me semble que nous vendons un peu vite la peau de l'ours... — Le banquier de madame Grandchamp et le banqueroutier en fuite

11

sont-ils bien le même personnage ?... — jusqu'à présent rien ne le prouve...

— Tout le prouve, au contraire, — dit Pascal. — Si cela n'était point, comment expliquer les lettres laissées sans réponse depuis plus de trois semaines.

— C'est juste.

— Il ne reste donc maintenant qu'à faire passer cet article sous les yeux de la malade et sous ceux de sa fille.

— Le moyen ?

— Facile à trouver... — J'emporte le journal.

Pascal pliait la feuille parisienne et il allait la glisser dans sa poche, lorsqu'un facteur entra, tenant à la main plusieurs lettres.

En entendant ouvrir la porte du café, le patron du *Martin-Pêcheur*, qui se trouvait dans sa cuisine, en sortit et parut.

— Madame Grandchamp, avez-vous ça, monsieur Lureau ? — lui demanda l'employé des postes.

— Oui, très bien..

— C'est une lettre pour elle. — Tenez...

Le facteur remit une lettre à Lureau et se retira.

Jacques et Pascal, comme bien on pense, avaient prêté l'oreille avidement.

— Voici qui va se charger de la commission, — dit tout bas Pascal à Jacques. — Ce doit être la lettre attendue.

L'aubergiste regardait l'adresse et examinait les timbres.

— Ça vient de Genève, — fit-il — et ça ne pèse pas lourd... — ça m'étonnerait s'il y avait beaucoup de fonds là-dedans... — ces pauvres dames s'impatientaient après cette lettre qui doit, j'en ai peur, leur apporter plus de mauvaises nouvelles que de bon argent... — je vais la remettre à madame Grandchamp.

— Nous vous éviterons, si vous voulez, la peine de monter au second étage, — dit Pascal, — nous regagnons notre chambre ; nous frapperons chez notre jolie voisine et nous ferons la commission

— Ça n'est point de refus... — Je vous remercie bien et j'accepte volontiers, car je suis seul et il pourrait venir du monde...

— Donnez donc...

Pascal prit la lettre.

L'aubergiste sourit en regardant le jeune homme qui, suivi de Jacques Lagarde, gagnait la porte conduisant à l'escalier, et son sourire signifiait :

— Il en tient pour la jolie voisine !... Ça se voit !!

Arrivé au deuxième étage, l'ex-secrétaire du comte de Thonnerieux frappa doucement à la porte du logement de Périne.

Presque aussitôt Marthe ouvrit cette porte.

— Voici une lettre qui vient d'arriver pour madame votre mère, mademoiselle, — lui dit Pascal en lui présentant l'enveloppe cachetée, — et M. Lureau m'a prié de vous la remettre en montant.

La jeune fille tendit une main tremblante pour prendre cette enveloppe, et remercia Pascal qui rejoignit Jacques et lui glissa tout bas ces mots :

— Ecoutons maintenant... — L'effet, sans doute, ne tardera pas à se produire.

Puis tous deux se mirent aux aguets, l'oreille collée à la cloison mince qui les séparait du logis de leurs voisines.

Marthe, de même que le patron du *Martin-Pêcheur* avait, tout en se dirigeant vers la chambre de sa mère, jeté les yeux sur le timbre de l'enveloppe.

Elle y lut ce nom : *Genève*.

— De Genève !... enfin ! — murmura-t-elle avec joie, et en hâtant déjà le pas ; mais une réflexion soudaine l'arrêta.

Une sorte de tremblement nerveux secoua tout son corps, en même temps que son cœur se serrait douloureusement.

— Mon Dieu ! — balbutia-t-elle — cette écriture n'est point celle de M. Darcier... — J'ai peur... — il me semble que nous allons apprendre une mauvaise nouvelle... — Ah ! si cela était, il faudrait éviter à ma mère le premier choc et ne lui faire connaître le malheur qu'avec ménagement... — Je dois lire d'abord...

Marthe déchira l'enveloppe, en tira la feuille de papier qu'elle renfermait et la déplia.

Dans l'angle gauche de la partie supérieure du papier, elle lut, en caractères typographiques, ces mots : — GENÈVE — *Palais de Justice — Cabinet du Juge d'instruction.*

La jeune fille devint très pâle. — Un nuage passa devant ses yeux. — Ses jambes ployèrent sous elle, comme si elles étaient trop faibles pour supporter le poids de son corps.

Elle réagit cependant contre cette défaillance, et au bout d'une seconde elle se mit à lire.

La missive, très courte d'ailleurs, était ainsi conçue :

« Madame,

» En réponse aux lettres que vous adressez au sieur
» Darcier, ayant exercé la profession de banquier à
» Genève, lettres qui ont été remises en mon cabinet
» et ouvertes par moi, j'ai le regret de vous apprendre
» que Darcier a pris la fuite, il y a quinze jours, em-
» portant tous les fonds et toutes les valeurs qui lui
» avaient été confiés par ses clients.

» La banqueroute frauduleuse vient d'être déclarée.

» La police recherche activement le fugitif dont la
» trace, jusqu'ici, n'a pu être retrouvée malgré
» toutes les recherches. »

Marthe ne put en lire plus long.

La réalité dépassait de beaucoup ses craintes.

Tout était perdu !... irrémédiablement perdu !...

Elle poussa, sans en avoir conscience, un cri suivi d'un long gémissement, et elle s'abattit, évanouie, sur le parquet, froissant la lettre fatale entre ses doigts crispés.

Pascal et Jacques, aux aguets, avaient entendu le cri de la jeune fille.

— Cela commence, — murmura Jacques.

— C'est Marthe qui a poussé ce cri... — répondit Pascal. — Elle n'aura point montré la lettre à madame Grandchamp.

— Tais-toi et écoute... on marche dans la chambre de la mère !...

Jacques ne se trompait pas.

On marchait en effet dans la chambre de Périne et voici ce qui s'y passait :

Au moment où Pascal avait frappé pour remettre à Marthe la lettre venant de Genève, la malade ne dormait pas, et la jeune fille était auprès de son lit.

En sortant, Marthe referma la porte derrière elle ; Périne ne put entendre ce qu'on disait, ni même reconnaître la voix qui parlait, et elle dut attendre le retour de Marthe pour savoir qui était venu frapper.

XVI

Au bout d'une minute, la malade tressaillit violemment.

Le cri poussé par Marthe et le bruit sourd de la chute d'un corps venaient de frapper son oreille.

Puis il se fit un grand silence.

Que signifiait cela ?

La pauvre femme, prise d'une terreur soudaine, appela d'une voix étranglée à peine distincte :

— Marthe !... Marthe !...

L'enfant inanimée ne pouvait ni l'entendre, ni lui répondre.

De plus en plus épouvantée, Périne recommença son appel.

Ce fut en vain, tout resta muet.

— Mon Dieu, que se passe-t-il donc ? — bégaya-t-elle avec égarement. — Ce cri... cette chute... ce silence... — il est arrivé malheur à Marthe !...

Et complètement affolée, n'écoutant que son amour maternel, oubliant sa faiblesse physique, Périne rejeta ses couvertures, descendit de son lit et voulut se diriger vers la porte, mais dès le premier pas elle chancela et dut s'appuyer au dossier de sa couchette pour ne pas tomber.

Elle se dressa cependant avec une énergie qu'il aurait paru impossible d'attendre de ce corps brisé par la maladie, et se cramponnant aux meubles, se faisant des murailles un point d'appui, elle se traîna jusqu'à la porte, offrant l'étrange et effrayant aspect d'un squelette animé d'une vie fantastique et marchant.

Non sans peine elle ouvrit la porte.

Dès le seuil, elle aperçut Marthe étendue sur le parquet.

Sa terreur prit alors des proportions inouïes et se mêla de désespoir.

Ses dent claquèrent, ses yeux s'arrondirent, un souffle parut soulever les longues mèches éparses de ses cheveux gris.

Elle se laissa tomber à genoux près du corps de l'enfant, et ses lèvres décolorées bégayèrent des mots sans suite, parmi lesquels on aurait pu distinguer ceux-ci :

— Marthe... Marthe... ma fille... ma chérie... ma mignonne... Marthe m'entends-tu?... Marthe parle-moi... ouvre tes yeux pour me regarder... Tu n'es pas morte, mon enfant... On ne meurt pas à ton âge... Marthe, dis-moi ce qui vient de t'arriver... dis-moi ce qui t'a fait du mal... Réponds-moi... réponds-moi...

Et la pauvre mère couvrait de baisers et de larmes le visage livide de sa fille.

Quelques secondes se passèrent ainsi.

Tout à coup, Marthe fit un mouvement léger.

Périne poussa une exclamation de joie, et elle allait entreprendre la tâche insensée de soulever l'enfant dont l'évanouissement touchait à son terme, quand elle aperçut d'abord l'enveloppe de la lettre sur le plancher, puis la lettre elle-même, entre les doigts contractés de Marthe.

Rapide comme l'éclair, une pensée traversa son cerveau.

A coup sûr, le contenu de ce papier devait être cause de la défaillance de sa fille.

Elle arracha la lettre de la main de Marthe qui, lentement, revenait à elle-même, et elle lut.

Décrire l'expression du visage de la malheureuse à mesure qu'elle déchiffrait les quelques phrases reproduites par nous un peu plus haut, serait impossible.

11.

Son masque bouleversé, décomposé, méconnaissable, n'offrait plus rien d'humain.

Quand elle eut achevé elle poussa un cri rauque, et à son tour s'abattit inanimée, au moment où Marthe, soulevant ses paupières, commençait à avoir conscience de ce qui se passait auprès d'elle.

Le cri de sa mère la galvanisa.

Elle se redressa d'un bond et vit la lettre de Genève qui de sa main avait passé dans celle de Périne.

Cela suffit pour lui faire tout comprendre.

Ce fut elle alors qui se jeta sur le corps de l'infortunée.

— Mère... mère... — cria-t-elle d'une voix éperdue en pressant dans ses bras ce corps décharné, pareil à un cadavre, — pourquoi donc avoir lu cette lettre maudite ? — Mon Dieu, seigneur mon Dieu, voulez-vous qu'elle meure ? Ce serait me condamner aussi, moi, car je la suivrais ! Mère, ouvre les yeux et parle !! j'ai besoin de tes regards... j'ai besoin d'entendre ta voix..

Et l'enfant en délire voulut soulever sa mère afin de la reposer sur son lit.

La force lui manquait...

Elle prit les mains de Périne et les trouva froides comme du marbre.

L'épouvante alors la fit frissonner de la tête aux pieds ; elle entrevoyait la possibilité d'une catastrophe soudaine, et de ses lèvres s'échappèrent ces paroles d'appel :

— Ma mère se meurt !... à moi !... au secours !... au secours !!...

Puis elle s'élança vers la porte de sortie en appelant toujours à son aide.

Pascal et Jacques se trouvaient déjà sur le seuil de leur logement.

— Qu'y a-t-il donc, mademoiselle ? — demanda Jacques.

— Ah ! docteur, — répondit Marthe en lui saisissant le bras pour l'entraîner dans la chambre, — c'est Dieu qui vous envoie !... Voyez ma mère... Sauvez-la !...

L'ex-secrétaire du comte de Thonnerieux suivit Jacques que Marthe entraînait :

— Aidez-moi, — dit à son ami le prétendu médecin américain Thompson, — portons sur son lit cette pauvre femme...

Les deux hommes soulevèrent madame Grandchamp, la transportèrent dans sa chambre et l'étendirent sous les couvertures.

— Elle n'est point morte, n'est-ce pas, docteur ?... — bégaya Marthe en sanglotant.

Jacques approcha sa joue de la bouche de Périne et appuya l'une de ses mains sur le côté gauche de sa poitrine.

— Non, mademoiselle, — dit-il ensuite, — elle respire... son cœur bat... — elle est vivante, mais la secousse a été terrible... le danger est grand...

— Mon Dieu!... mon Dieu! — reprit la jeune fille en se tordant les mains, — pourquoi donc a-t-elle lu cette lettre?...

Jacques s'occupait de la malade.

Pascal regardait Marthe et le regard qu'il attachait sur elle ressemblait à celui du reptile qui, pour éviter toute résistance, *hypnotise* sa proie avant de l'engloutir.

— Monsieur, — balbutia Marthe en s'adressant à Jacques, les mains jointes, — n'y a-t-il donc rien à tenter?

— Si, mademoiselle, — répond le libéré, — je vais écrire une ordonnance qu'il faut porter à l'instant chez le pharmacien le plus proche, en le priant de se hâter beaucoup... Le temps presse...

En disant ce qui précède, Jacques Lagarde avait tiré de sa poche un agenda et il écrivait au crayon deux ou trois lignes sur un des feuillets qu'il détacha.

— Vite!... vite!... mademoiselle... — ajouta-t-il en tendant ce feuillet à Marthe, — madame votre mère va revenir à elle-même...

La jeune fille arracha l'ordonnance des mains du docteur plutôt qu'elle ne la prit, et s'élança dehors.

L'évanouissement de Périne cessait, en effet, mais avec une extrême lenteur.

Pascal avait ramassé et lu la lettre du juge d'instruction de Genève.

— Ce que nous avions prévu, — dit-il à voix basse, — s'est accompli de point en point... — Est-elle perdue ?

— Elle est très bas ; mais, contre toute attente, elle peut en revenir...

— Il ne faut pas qu'elle en revienne...

— Ce serait facile...

— Comment ?

— Il suffirait de lui faire avaler quelques gouttes d'eau. — La mort serait immédiate... foudroyante...

— Admirable ! — murmura Pascal. — Ni violence, ni empoisonnement, par conséquent aucun danger pour nous dans le présent ou dans l'avenir, et Marthe nous appartiendra... Je la défierais de nous échapper... — Verse donc bien vite ces gouttes d'eau et finissons-en...

Ce dialogue sinistre avait lieu tout près du chevet de la malade. Ces paroles abominables s'échangeaient de bouche à oreille.

Périne venait d'ouvrir les yeux, mais elle était hors d'état d'entendre, et surtout de comprendre.

Pascal prit sur la commode une carafe et un verre.

Il versa dans le verre la valeur d'une cuillerée d'eau à peu près et le tendit à Jacques.

Celui-ci fit un pas en arrière avec une expression d'effroi.

Si misérable qu'il fût, il reculait malgré lui devant la monstrueuse lâcheté du crime à commettre.

L'ex-secrétaire du comte de Thonnerieux fronça les sourcils.

— Si tu n'oses pas agir, j'agirai moi-même, — dit-il d'un ton méprisant.

Jacques, dominé, saisit le verre, et de la main droite il l'approcha des lèvres de la malade, tandis que de la main gauche il lui soulevait un peu la tête.

Périne sentit le froid du cristal et but machinalement.

Ses yeux, aussitôt, devinrent hagards. — Sa tête ballotta d'une épaule à l'autre, tandis que son buste se dressait à demi, comme galvanisé. Une convulsion effrayante tordit ses membres, un flot de sang s'échappa de sa bouche, puis elle retomba sur l'oreiller et ne fit plus aucun mouvement.

Elle était morte.

Jacques, plus livide que la face même du cadavre, s'éloigna du lit en chancelant.

— Jette le reste de cette eau... dit-il tout bas à son compagnon en lui tendant le verre.

Pascal versa dans la carafe ce qu'il contenait encore, et le remit à la place où il l'avait pris.

— Nous sommes les maîtres de la situation, — murmura-t-il ensuite, — il s'agit de savoir en tirer bon parti. — Je me charge de la jeune fille...

En ce moment un pas précipité retentit dans l'escalier et la porte du logement s'ouvrit avec violence, comme poussée par un vent d'orage.

Marthe rentrait.

Elle courut à Jacques et lui tendit une petite fiole contenant la potion qu'elle était allée faire préparer chez le pharmacien.

— Tenez... tenez... Monsieur le docteur... — dit-elle d'une voix à peine distincte, car la rapidité de sa course venait de la mettre hors d'haleine.

— Hélas, mademoiselle — répondit Pascal avec une émotion admirablement jouée, — il est trop tard...

— Trop tard... — répéta la jeune fille affolée, en cherchant à ne pas comprendre, — trop tard... Pourquoi ?...

— Madame votre mère ne souffre plus... Armez-vous d'un grand courage, mademoiselle... vous en aurez besoin... Elle a cessé de vivre.

Ces mots étaient à peine prononcés que Marthe, poussant un cri déchirant, s'élançait sur le corps inanimé de Périne.

Ce fut alors une de ces scènes navrantes qu'il est facile de comprendre, mais à peu près impossible de décrire.

L'enfant étouffait de désespoir. — Elle sentait son cœur se briser. — De longs sanglots soulevaient sa gorge et secouaient ses épaules. — Les plaintes, les prières, les gémissements, s'échappaient de ses lèvres dans une confusion qui témoignait de l'absolu désordre de son esprit.

Un tel spectacle aurait attendri les âmes les plus farouches.

Jacques Lagarde se sentait, au fond, quelque peu remué, mais Pascal, tout en attachant sur son visage un masque de tristesse, restait froid comme un marbre et ne songeait qu'aux conséquences certaines de ce qui venait de se passer.

A la crise de douleur tumultueuse succéda une sorte d'accalmie, dans ce sens que les manifestations extérieures devinrent moins bruyantes. — Les larmes muettes succédèrent aux cris, aux sanglots, aux paroles incohérentes.

Marthe tomba à genoux et, la tête cachée dans les draps qui couvraient le corps de sa mère, elle pria. — Pascal osa pousser son hypocrisie monstrueuse jusqu'à s'agenouiller à côté d'elle et à faire semblant de prier comme elle. Le misérable sentait que le moment était venu de commencer à circonvenir la jeune fille. Il attendit à peu près un quart d'heure, puis il lui prit doucement la main pour la contraindre à se relever. Avec une inconscience absolue, elle se laissa faire.

— Hélas ! mademoiselle, — dit-il d'une voix qui semblait mouillée de larmes, — le coup qui vous frappe est terrible, et jamais douleur ne fut plus légitime que la vôtre... — Loin de moi la pensée de vous prodiguer ces vaines et banales consolations qui ne peuvent avoir quelque effet que sur les âmes vulgaires... — Laissez-moi cependant vous dire que votre isolement en ce monde est en réalité moins complet qu'il ne semble l'être... Nous sommes auprès de vous, le docteur Thompson et moi... Des inconnus hier... aujourd'hui des amis, qui seront heureux de vous donner la preuve de leur dévouement.

Les paroles du jeune homme frappaient les oreilles de Marthe, mais n'offraient aucun sens à son esprit. — Absorbée en elle-même, elle n'écoutait pas, et au lieu de répondre aux assurances de dévouement de Pascal, elle ne put que bégayer :

— Ma mère... ma mère... ma pauvre mère...

Et ses sanglots, un instant interrompus, recommencèrent avec un redoublement de violence. Jacques Lagarde pensa qu'il devait parler à son tour.

— Madame Grandchamp, — fit-il, — a souffert... beaucoup souffert... — La maladie de cœur, dont les développements étaient si grands chez elle qu'il a suffi d'une émotion pour la tuer, aurait pu la laisser vivre encore, mais avec des oppressions pénibles, des palpitations incessantes, des crises continuelles enfin, faisant de son existence un supplice... — N'est-elle pas plus heureuse dans le calme infini, dans l'éternel repos?... — Ah! l'heure de la séparation est aujourd'hui cruelle, je le sais bien !... — Il se produit un déchirement effroyable !... Les blessures saignantes du cœur semblent devoir être inguérissables, et dans ces moments-là, d'ailleurs, on refuserait de guérir !... — Je les connais bien ces angoisses !... je les ai ressenties comme vous, car moi aussi j'ai perdu des êtres qui m'étaient chers... et cependant je me suis consolé... Vous vous consolerez, mademoiselle... — Ici bas, tout s'efface, et le désespoir d'aujourd'hui ne sera plus, dans un an, qu'un souvenir mélancolique...

Le docteur Lagarde aurait pu continuer longtemps ainsi.

Marthe ne l'écoutait pas plus qu'elle n'avait écouté Pascal.

Les lèvres de la pauvre enfant répétaient tout bas, sans trêve :

— Elle est morte, ma pauvre mère... Elle est

morte... Je ne la verrai plus... plus jamais...

— Je vous en supplie, mademoiselle, — dit Pascal, — je vous le demande, au nom du ciel... au nom de votre mère qui de là-haut nous voit et nous entend, ne vous abandonnez pas comme vous le faites à ces pensées qui vous tueront... — Il faut vivre...
— Par ma voix, votre mère vous ordonne de vivre...

— A quoi bon vivre ?... je suis seule ici-bas...

— Non, vous n'êtes point seule... — Vous avez des amis...

Marthe secoua la tête.

— Non, — fit-elle, — je n'en ai pas...

— Vous en avez, puisque nous sommes là !...

XVII

Marthe leva vers les deux complices, vers les meurtriers de sa mère, ses yeux humides de larmes, et dans ses regards se lisaient à la fois l'étonnement et la reconnaissance de cette amitié si vite offerte, mais l'émotion violente à laquelle la pauvre enfant se trouvait en proie ne lui permettait pas de répondre.

Après une minute de silence, Jacques Lagarde reprit :

— Ce soir ou demain, mademoiselle, nous parlerons de vous... de votre avenir... En ce moment, nous ne pouvons songer qu'au malheur qui vous frappe et à ses conséquences... — Laissez-moi d'abord vous donner un bon conseil et suivez-le... quittez cette chambre.

— Abandonner ma mère ! — s'écria Marthe avec

un geste d'égarement. — Non, non, cent fois non !
— Je ne la quitterai pas! Je ne sortirai de cette
chambre que quand elle-même en sortira. — Ah!
monsieur, — ajouta la jeune fille affolée, — vous ne
pouvez pas comprendre tout ce que je souffre!...
Si vous saviez combien je l'aimais, ma pauvre mère!
Oui, je l'aimais de toute mon âme, ardemment, uni-
quement... Je n'aimais qu'elle... Elle était tout pour
moi comme j'étais tout pour elle, et me voici seule,
puisqu'elle est morte!...

Étranglée par les sanglots, Marthe cacha son visage
dans ses deux mains, puis elle balbutia ces mots
qu'on entendit à peine tant sa voix était faible :

— Oh! mère chérie, puisque nous nous aimions
tant, puisque tu sais que je ne peux vivre sans toi,
sois bonne après ta mort, autant que tu l'étais pendant ta vie... appelle-moi... emmène-moi... tu veux
bien, n'est-ce pas?

Et la jeune fille se jeta sur le cadavre, couvrant de
baisers ses joues froides, mouillant de larmes ses
yeux clos.

Jacques et Pascal la regardèrent un instant en
silence.

Pascal prit ensuite la parole.

— Calmez-vous, mademoiselle, — dit-il d'une voix
douce et caressante, — calmez-vous, il le faut, et
écoutez-moi...

— Qu'ai-je à entendre?... — bégaya Marthe à travers ses sanglots.

— Vous avez à entendre le langage de la raison... — Hélas! on n'a pas même le droit, ici-bas, de s'isoler dans sa douleur... De pénibles nécessités s'imposent à vous, et il n'existe aucun moyen de vous y soustraire... Le décès de madame votre mère doit être légalement constaté... il y a des formalités à remplir...

— Je ne les connais pas... — interrompit la jeune fille, — je ne sais rien, sinon que ma mère est morte et que je voudrais mourir aussi.

— Puisque vous refusez de quitter cette chambre, — continua Pascal, — voulez-vous, mademoiselle, que nous envoyions auprès de vous le maître de l'auberge?... il pourra se charger des premières démarches, mieux que nous qui sommes étrangers et ne connaissons pas cette ville.

— Oui, monsieur, je le veux bien... — répondit Marthe en pleurant, — je vous remercie de penser pour moi... Vous le voyez, je suis anéantie...

— Nous allons le prier de monter...

— Il faudra penser également au service... — dit Jacques Lagarde.

— Le service?... — répéta l'orpheline; puis, comprenant soudain : — Ah! oui... le service funèbre... l'enterrement...

Secouée par une nouvelle et violente crise de désespoir, elle ajouta :

— Mon Dieu... mon Dieu... je n'aurai pas de quoi payer les frais d'enterrement !... je n'aurai pas de quoi porter le deuil de ma mère !...

— Ne vous inquiétez point de cela, mademoiselle ! — fit vivement Pascal. — C'est bien le moins que des préoccupations de ce genre ne viennent pas s'ajouter à votre douleur... — Je vous répète que vous avez en nous deux amis. — Nous pourvoirons à tout... les funérailles seront dignes de la morte, et les vêtements de deuil ne vous manqueront point...

— Dieu ne m'abandonne donc pas tout à fait, — balbutia Marthe, — puisqu'il place auprès de moi des cœurs généreux...

Et la pauvre enfant abusée tendit ses mains aux deux misérables.

— Nous vous aiderons de tout notre pouvoir, — reprit Pascal. — Nous vous conseillerons de notre mieux. — Comptez absolument sur nous... — La première chose à faire est de vous envoyer le patron du *Martin-Pêcheur*, et de le prier de mettre sa servante à votre disposition...

Marthe remercia de nouveau avec attendrissement, et les complices descendirent au rez-de-chaussée, où ils annoncèrent la nouvelle à Lureau.

— Je pressentais ça ! — dit l'aubergiste, — et ma

foi, ça vaut tout autant que ça finisse ainsi tout de suite! — de cette façon, je suis certain de ne rien perdre...

— Dans aucun cas vous ne courriez risque de perdre quelque chose, monsieur Lureau, — répliqua Jacques. — Mademoiselle Grandchamp est une honnête fille...

— D'accord, mais elle n'a pas le sou...

— Nous répondons pour elle... Nous prenons à notre compte ses dépenses...

— Parbleu!... si c'est ainsi, voilà qui va sur des roulettes...

— Nous vous prions de vouloir bien, dès ce moment, vous mettre à sa disposition pour la déclaration du décès et pour les différentes formalités à remplir... montez, s'il vous plaît, prendre ses ordres... — Quand vous redescendrez, je vous donnerai de l'argent, et vous irez commander le service... un service très convenable...

L'aubergiste s'inclina et dit :

— Monsieur le docteur, disposez de moi... Enchanté de vous être agréable... — La pauvre jeune demoiselle, si jolie, si intéressante, quel chagrin elle doit avoir! — Je monte de suite.

— Il faudra de plus, quand vous redescendrez, envoyer votre servante auprès de mademoiselle Marthe,

— reprit Jacques. — Cette enfant ne peut rester seule là-haut, dans la chambre mortuaire.

— Ce sera fait, monsieur le docteur.

— Ne manquez pas de prévenir le docteur Gerbaut qui a donné des soins à la malade et qui viendra constater le décès.

— En allant à la mairie, je passerai chez lui.

— Faites donc vite...

Lureau monta au second étage.

Jacques et Pascal restèrent dans le restaurant où ils se trouvaient seuls.

— La partie a été jouée de main de maître, — dit Pascal, — et je la crois gagnée. Ou je me trompe fort, ou Marthe est à nous... — Qu'en penses-tu ?

— Je pense que tu ne te trompes pas, mon compère... — Le temps est un grand consolateur... — Avant un mois la belle des belles, la merveille des merveilles, sera en pleine voie d'apaisement, et les teintes roses, flétries par les privations et les chagrins, reparaîtront sur ses joues et doubleront encore son éclat... Mais, en ce moment, ce n'est point de cela qu'il s'agit... — Il faut que Marthe soit à nous, autant par reconnaissance que par nécessité ? — Elle n'en servira que mieux nos projets... — Nous allons payer les frais d'enterrement, et ce qui peut être dû soit à l'auberge, soit au docteur Gerbaut... Il faut de plus s'occuper immédiatement des costumes de deuil... — Va dans la ville, trouve un magasin, commande d'apporter ici des étoffes noires, ou, ce qui vaudrait mieux encore, des vêtements tout confectionnés... — Enfin, fais pour le mieux et n'épargne pas... — C'est de l'argent qui nous rapportera de gros intérêts... — et, à propos d'argent, combien te reste-t-il ?

— A peu près deux cents francs...

— Ce n'est pas assez.

Jacques exhiba son portefeuille, l'ouvrit et en tira un billet de mille francs qu'il tendit à Pascal en ajoutant :

— Prends cela...

— Comment es-tu si riche ?

— Mon notaire vient de me verser deux mille francs par avance... — Va vite et reviens déjeuner...

Pascal sortit du restaurant et se dirigea d'un pas rapide vers l'intérieur de la ville.

Au bout d'un moment, Lureau reparut.

— Eh bien ? — lui demanda Jacques.

— Eh bien ! monsieur le docteur, — répondit l'aubergiste, — la pauvre jeune demoiselle est dans un état à faire pitié, et c'est tout naturel ; mais enfin, elle m'a donné les renseignements nécessaires pour la déclaration de décès... j'ai pris note. — J'ôte mon tablier, je mets mon chapeau et je file à la mairie...

— Vous n'avez pas laissé seule mademoiselle Marthe?

— Point de danger! — Ma servante Catherine est auprès d'elle et n'en bougera...

— En revenant, vous lui ferez monter de la nourriture...

— C'est entendu... — Pour le service, que faudra-t-il commander? — Le corbillard des pauvres, j'imagine?... — Moi, je ne suis pas pour les dépenses inutiles... — A quoi que ça sert un enterrement qui coûte gros? — On n'en est pas moins défunt, et vous savez la chanson :

> Quand on est mort, c'est pour longtemps,
> Dit un vieil adage
> Fort sage.

— Point de corbillard des pauvres, — répliqua Jacques Lagarde. — Je veux un service sans luxe, mais convenable.

— Quatrième ou cinquième classe, alors?

— Quatrième classe. — Vous vous entendrez avec l'église... — Un office en rapport avec le convoi... — Voici de quoi payer.

— Cinq cents francs! — s'écria Lureau ébahi en voyant le billet de banque que lui présentait Jacques.

— Prenez et faites vite...

L'aubergiste se hâta d'endosser un vêtement de ville et se dirigea vers la mairie.

Au bout d'une heure, il revenait ayant fait toutes les courses.

L'enterrement devait avoir lieu le lendemain, à quatre heures.

Les pompes funèbres et l'église avaient reçu trois cents et quelques francs.

— Quel brave homme, quel honnête homme que ce docteur Tompson ! — pensait le patron du *Martin-Pêcheur*, tout en rendant la monnaie du billet de banque. — Si les Américains sont tous comme ça, j'ai presque envie de m'en aller en Amérique !...

Lureau remonta auprès de Marthe pour lui remettre les papiers qu'elle lui avait confiés et pour lui rendre compte de ses démarches.

— Et vous avez payé tout cela ? — lui demanda la jeune fille après l'avoir écouté.

— Rubis sur l'ongle, oui mam'selle... — Ne vous occupez de rien. Le docteur Thompson veut que vous ne preniez aucun souci... vous avez bien assez de votre chagrin... — Un cœur comme on n'en voit guère, le docteur Thompson, je vous en fiche mon billet, et c'est une vraie chance pour vous, mam'selle, qu'il se soit trouvé ici et qu'il vous porte intérêt !!

Lureau le pensait comme il le disait.

Quant à Marthe, comment aurait-elle pu deviner,

soupçonner même, que les procédés si généreux, si nobles, si touchants, de ces deux hommes, cachaient des projets pervers et déguisaient des plans odieux?

Tout bas elle remercia Dieu qui lui envoyait cette consolation dans son infortune, et sa reconnaissance grandit.

Marthe était presque une enfant encore; elle avait une nature simple et candide, mais une âme forte et vaillante, — nous le savons déjà. — A ses crises de larmes, de gémissements, avait succédé vite un calme relatif.

Sa douleur, assurément, restait la même, mais elle se concentrait au lieu de s'épancher au dehors.

Pour poignant qu'il fût, son désespoir, devenu muet, n'entraînait plus de manifestations délirantes.

Elle pouvait penser, maintenant, réfléchir, envisager froidement toute l'étendue de son infortune.

— Vrai, là, mam'selle, — reprit l'aubergiste, — vous devriez quitter cette chambre... c'est trop triste pour vous... — Catherinette restera ici... près de la pauvre dame... je vous donnerai un autre local... à côté... sur le même carré.

Marthe secoua la tête.

— Non... — répondit-elle, — c'est ici qu'est ma place, puisque c'est ici qu'est ma mère... je resterai.

— Comme vous voudrez, mam'selle... Mais il faut

songer à vous nourrir un peu... — On s'affaiblit, quand on ne mange rien...

— En ce moment il me serait impossible, tout à fait impossible, de prendre quoi que ce soit... —Plus tard, si j'ai besoin de quelque chose, je le dirai à Catherinette.

Assurément le patron du *Martin-Pêcheur* ne faisait pas profession de sensibilité, et pourtant il sortit notablement ému.

Au moment où il quittait la chambre, Pascal en franchissait le seuil, accompagnant une couturière chargée de cartons, et comme les yeux de Marthe exprimaient la surprise, le jeune homme expliqua fort adroitement, avec une délicatesse infinie, ce qu'il venait de faire au dehors.

L'orpheline se sentait troublée, confuse, mais elle ne pouvait que céder aux instances de Pascal, qui la contraignit en quelque sorte à choisir deux toilettes de grand deuil, très complètes et d'une élégance simple.

— Mais qu'ai-je donc fait, monsieur, — murmurait la jeune fille, — pour être comblée par vous de tant de prévenances, entourée de tant de soins? — S'il s'agissait de votre sœur, vous n'agiriez pas autrement.

— Le docteur Thompson est riche, mademoiselle, très riche même... — répondit Pascal. — De plus, il est doué d'une extrême sensibilité... il ne peut voir le malheur d'autrui sans en être profondément touché, et sans chercher aussitôt le moyen de l'atténuer dans la mesure du possible... — Il vous a vue, et dès la première minute, dès le premier regard, vous avez conquis toutes ses sympathies... La profonde affection que vous témoigniez à votre mère lui est allée au cœur en lui rappelant une enfant qu'il adorait et qu'il a perdue... — Elle était beaucoup plus jeune que vous, cette enfant, et pourtant il ne se consolera jamais de sa mort...

— Oh! monsieur, dites-lui bien que je le remercie de toute mon âme, — fit Marthe avec élan, — et que je voudrais pouvoir lui prouver ma reconnaissance...

— Il vous répondrait, mademoiselle, que vous ne lui en devez aucune et qu'il est payé d'avance par le bonheur de vous être utile...

Pascal se retira en même temps que la couturière.

Un quart d'heure après il déjeunait en compagnie de Jacques, servi par Lureau lui-même avec lequel il ne dédaignait pas de faire un *petit bout de causette*.

Nous ne nous appesantirons pas outre mesure sur des tableaux d'une douloureuse monotonie.

Disons seulement que Marthe voulait passer la nuit entière auprès de sa mère morte; mais, brisée par les émotions, épuisée de fatigue, elle ferma les yeux malgré elle un peu avant le point du jour, et dormit pendant quelques heures d'un sommeil fiévreux, agité, qui cependant lui fit du bien, car en se réveillant elle se trouva plus forte.

Dans la matinée, Pascal et Jacques demandèrent à la voir et la décidèrent à prendre un peu de nourriture, ce qui la ranima mieux encore que ne l'avait fait le sommeil.

La jeune fille voulait remercier, avec toute l'effusion d'une âme reconnaissante, ses deux protecteurs, le docteur Thompson surtout dont la générosité se montrait inépuisable, mais ils se dérobèrent l'un et l'autre à l'expression de sa gratitude, ce qui était de leur part un acte de grande habileté.

XVIII

Sur la demande de Pascal, le patron du *Martin-Pêcheur* avait fait prier ses amis et ses fournisseurs d'assister à la cérémonie funèbre et, lorsqu'arriva l'heure indiquée, une trentaine de personnes des deux sexes se trouvaient dans la salle du rez-de-chaussée et devant la porte de l'auberge.

Madame Lureau et deux ou trois autres femmes montèrent auprès de Marthe que Jacques et Pascal encourageaient de leur mieux à ne point se laisser abattre, puisqu'il faudrait de la force pour aller jusqu'au bout.

Ils avaient trouvé moyen de cacher à l'orpheline le navrant spectacle de la mise en bière, mais il fallait bien qu'elle assistât à la levée du corps, et quand elle vit descendre le cercueil de chêne contenant la dépouille mortelle de la seule créature qu'elle eût aimée, ou plutôt adorée depuis son enfance, elle fut en proie à une crise nerveuse qui mit la pitié dans tous les cœurs et les larmes dans tous les yeux des assistants.

Une voiture, commandée par Pascal, attendait à la porte.

On y fit monter l'orpheline, auprès de laquelle prirent place madame Lureau et deux autres dames.

Les larmes sont contagieuses.

En voyant sangloter Marthe, les trois femmes pleuraient comme si la défunte avait été leur plus proche parente et leur meilleure amie.

A l'église, l'orpheline eut la force de se contenir.

Elle pria, et la prière calme momentanément les plus cuisantes douleurs, met un baume sur les blessures les plus saignantes ; mais au cimetière il lui fut impossible d'empêcher l'explosion de son désespoir, et à la minute suprême, déchirante, où sur le cercueil placé au fond de la fosse tombent avec un bruit sourd les premières pelletées de terre, elle perdit connaissance et il fallut l'emporter évanouie jusqu'à la voiture qui devait la ramener à l'auberge du *Martin-Pêcheur*.

Tout était fini !

La malheureuse enfant se trouvait désormais séparée pour toujours de sa protectrice naturelle, sa mère, qui seule aurait pu la préserver du piège que deux misérables s'apprêtaient à lui tendre.

Jacques Lagarde se rendait admirablement compte de l'état moral de la jeune fille.

Il savait à quel point elle était atteinte par la perte cruelle, irréparable, qu'elle venait de faire, mais il savait aussi que les plus poignantes douleurs ne sont point éternelles.

Pour hâter dans la mesure du possible la guérison de l'âme ulcérée de Marthe, il fallait éviter à la jeune fille l'isolement, et surtout l'empêcher de rentrer seule dans la chambre où sa mère était morte, car cette chambre où se concentraient ses souvenirs aurait sans cesse évoqué sous ses yeux les traits chéris de la morte.

L'orpheline, dont l'évanouissement s'était à peu près dissipé, mais qui n'avait pas encore conscience d'elle-même, fut ramenée à l'auberge et mise au lit par madame Lureau dans une chambre préparée pour elle.

Ses vêtements et les quelques petits objets lui appartenant avaient été portés dans cette chambre par les soins de Catherinette.

Jacques Lagarde, — ou plutôt le docteur Thompson, — ordonna une potion.

Cette potion administrée à la jeune fille devait

avoir et eut en effet pour résultat d'amener une prostration complète, physique et morale.

Un long et profond sommeil suivit.

Catherinette, largement payée par Jacques, veilla toute la nuit auprès du lit et, le réveil venu, à une heure avancée de la matinée du lendemain, elle répondit aux questions de l'orpheline, stupéfaite de se trouver dans un endroit qu'elle ne connaissait pas.

Marthe, en entendant ces réponses, comprit le but que le docteur se proposait d'atteindre, et une fois de plus admira l'infinie délicatesse de ses procédés qui prouvaient une haute intelligence en même temps qu'un grand cœur. — Comment aurait-elle pu conserver, à cet égard, le moindre doute ?...

Elle remercia Dieu d'avoir mis près d'elle, dans l'abandon et dans la détresse où elle se trouvait, cet ami généreux.

Marthe se leva.

Elle se sentait mieux et désirait rester seule.

En conséquence, elle remercia Catherinette de ses bons soins et l'engagea à aller prendre à son tour un peu de repos.

Dès que la servante fut sortie, l'orpheline laissa son esprit retourner vers le passé, puis le ramena vers le présent et se rendit compte de sa position.

Jamais position ne fut plus triste, plus désespérée en quelque sorte.

Isolée dans le monde, sans famille, sans argent, (car les quelques sous qu'elle possédait ne pouvaient la mener loin), sans travail, sans recommandations d'aucune sorte, que deviendrait-elle ?

A cette question, elle ne pouvait répondre, puisqu'elle ne savait pas même vers quel point de l'horizon orienter sa marche.

La pauvre enfant se mit à pleurer avec une extrême amertume, non parce qu'elle avait peur de ne pouvoir se suffire à elle-même, — (nous savons depuis longtemps qu'elle était courageuse), — mais parce que celle qui pouvait la conseiller et lui montrer le chemin à suivre dans la vie n'était plus auprès d'elle.

Sa pensée se tourna vers le docteur Thompson, mais elle se dit que ce médecin philanthrope avait déjà fait beaucoup pour une étrangère, pour une inconnue, et qu'à partir de ce moment, sans doute, il cesserait de s'occuper d'elle, — chose bien naturelle d'ailleurs, puisqu'elle n'avait à sa bienveillance d'autre titre que son infortune, et que l'infortune n'est malheureusement point chose rare ici-bas.

— Je dois le remercier avant tout, — murmurat-elle, — je verrai ensuite à me placer... — Je ne suis pas de celles que le travail effraye, et si peu que je gagne, cela me suffira pour vivre...

« Pauvre mère, — ajouta-t-elle en s'agenouillant et en élevant ses mains et son âme, — je voudrais ne point quitter le pays où tu vas reposer pour toujours... j'essayerai... mais si je ne puis pas... s'il faut partir... sois tranquille, mère chérie, je n'oublierai jamais le chemin de ta tombe... je reviendrai...

» Tout à l'heure, j'irai m'agenouiller sur la terre qui recouvre ton corps endormi jusqu'à l'heure du réveil éternel... — J'irai demander à ton âme de veiller, du haut du ciel, sur ton enfant que tu aimais tant !... — Protège-moi, mère !... soutiens-moi !... Si tu m'abandonnais, que pourrais-je faire, puisque je suis seule au monde ?...

Pendant quelques instants Marthe s'absorba dans ses pensées douloureuses, et de grosses larmes coulaient sur ses joues sans qu'elle en eût conscience.

On frappa doucement à la porte de la chambre.

L'orpheline se hâta d'essuyer ses yeux, de se lever et d'aller ouvrir.

Elle se trouva en face des deux libérés, Jacques Lagarde, qu'elle connaissait seulement sous le nom du docteur américain Thompson, et Pascal Saunier.

— Oh ! monsieur, — dit avec émotion la jeune fille à Jacques en lui tendant la main, — soyez le bienvenu !... — A cette heure où j'ai repris un peu de calme, je puis comprendre toute l'étendue de ce que vous avez fait pour moi !... — Permettez-moi de vous remercier du fond de mon cœur, autant pour celle qui n'est plus que pour moi-même... — Dans ma pauvre âme endolorie, il n'y a plus place aujourd'hui que pour les souvenirs et la reconnaissance...

Jacques serra très affectueusement la main que lui tendait l'orpheline.

— Je n'ai fait qu'obéir aux inspirations de mon cœur, mademoiselle, — répliqua-t-il. — Comment aurais-je pu ne pas m'intéresser à vous, ne pas vous entourer de toutes mes sympathies, quand il me semblait (et cela était à la fois bien doux et bien amer) revoir en vous, grandie, l'enfant que j'ai perdue et qui vous ressemblait... Il y avait donc chez moi presque de l'égoïsme à m'occuper ainsi de vous...

— Je n'en suis pas moins et je n'en serai pas moins éternellement votre obligée, monsieur ! — reprit Marthe. — Je vous dois la seule consolation qu'il me fût possible de ressentir dans l'immensité de ma douleur !... Grâce à vous, ma mère a été conduite honorablement à sa dernière demeure... — Un tel souvenir restera vivant dans ma mémoire aussi longtemps que je vivrai moi-même...

La jeune fille avait prononcé ces dernières paroles avec une sorte d'exaltation.

Elle ajouta d'un ton plus calme, en avançant deux chaises :

— Mais asseyez-vous donc, messieurs, puisque vous avez bien voulu penser à moi...

Pascal et Jacques se rendirent aussitôt à cette invitation, puis Jacques demanda :

— Comment vous sentez-vous aujourd'hui, mademoiselle ?

— Mieux, assurément, que je n'avais le droit de l'attendre après les secousses effroyables subies coup sur coup... — Si j'ai dormi, c'est grâce à la potion ordonnée par vous, m'a dit Catherinette, la servante de cette auberge. Ce sommeil qui vous est dû a reposé mon corps et rendu quelque calme à mon esprit troublé par le chagrin...

— J'espérais bien qu'il en serait ainsi, — répondit Jacques, — je puis même affirmer que j'y comptais, et, si l'événement avait trompé mon attente, j'aurais reculé mon départ jusqu'au moment où le résultat souhaité aurait enfin été obtenu...

— Vous allez quitter Joigny, monsieur ? — demanda Marthe, non sans un certain embarras.

— Oui, mademoiselle. — Je n'étais ici que pour peu de jours... — Je suis venu, ce matin, prendre congé de vous, et vous prier de me permettre de vous adresser quelques questions...

— Quelques questions ?... — répéta la jeune fille très surprise.

— Oui, mademoiselle.

— Je vous le permets de bien grand cœur, mais je ne comprends pas...

L'orpheline s'interrompit.

— De quoi je veux vous parler, n'est-ce pas ? — acheva Jacques.

— C'est vrai.

— Eh bien, vous allez le comprendre... — C'est de votre avenir que je vous parlerai... — Pardonnez-moi si je suis indiscret, mais la très vive sympathie que j'éprouve pour vous ne me permet pas d'hésiter. — Je veux, avant de m'éloigner, savoir si je puis vous être utile encore et, dans ce cas, vous confier un projet que j'ai conçu.

— Vous pardonner si vous êtes indiscret ! — s'écria Marthe avec émotion. — Comment pourriez-vous l'être vous qui, ne me connaissant pas, avez bien voulu vous intéresser à moi ? Interrogez, monsieur, et je vous répondrai franchement, je le jure ! — D'ailleurs, je n'ai rien à cacher.

— Madame votre mère était votre seule parente ?...

— Oui, monsieur... — je n'ai jamais eu ni frère,

ni sœur, et mon père était mort avant ma naissance...

— Vous êtes donc absolument seule au monde ?

— Absolument seule, oui, monsieur...

— Et sans fortune, — continua Jacques Lagarde, — puisque ce misérable banquier de Genève vous a lâchement dépouillées, votre pauvre mère et vous...

— Je ne possède rien.

— Que comptez-vous faire pour vivre ?

— Travailler, monsieur... travailler courageusement... — répondit Marthe dont un éclair de légitime orgueil alluma le regard.

— Je n'ai jamais douté de votre courage... Votre nature est énergique et vaillante, — il suffit de vous voir pour en être certain, — mais ma sollicitude n'en est pas moins mise en éveil... — Le travail des femmes est si peu payé que ce qu'elles gagnent suffit à peine à leur nourriture et à leur entretien... — Avez-vous au moins un état dans les mains ?

— Oui, monsieur.

— Lequel ?

— Ma mère possédait à Genève un petit établissement, celui dont le banquier en fuite nous a volé le prix... — Je suis une modiste assez habile... — J'ai en outre reçu quelque instruction... — Je saurais tenir les livres d'une maison de commerce...

— Ah ! vous avez des notions de comptabilité ?...

— Assez étendues, oui, monsieur.

— Eh bien ! mais voilà qui pourrait faciliter la réussite du plan que j'ai conçu... Lorsque la maladie de madame votre mère vous a forcée de vous arrêter à Joigny, vous alliez à Paris, m'a-t-on dit.

— Oui, monsieur... — Ma pauvre mère, ne se sachant pas dépouillée par un banqueroutier, comptait établir à Paris un magasin de modes pareil à celui qu'elle venait de vendre à Genève.

— Madame votre mère avait-elle des amis dans la grande ville ?

— Non monsieur... — Elle en était partie depuis longtemps déjà, et je crois bien qu'elle n'y connaissait plus personne...

— Comptez-vous aller à Paris, vous, mademoiselle ?...

— Hélas ! monsieur, — murmura tristement la jeune fille, — comment, à cette heure, pourrais-je former un projet quelconque ?... J'irai où je trouverai du travail... Je commencerai par en chercher à Joigny... Il me plairait de rester ici pour être près de la tombe de ma mère... de cette façon nous serons moins séparées...

En disant ce qui précède Marthe ne put dompter

sa poignante émotion, et de grosses larmes coulèrent sur ses joues.

— Voyons, mademoiselle... voyons, chère enfant, — fit vivement Jacques Lagarde, — du calme je vous en supplie !... il ne faut pas sans cesse regarder en arrière et vous immobiliser dans le passé... — Songez à vous, à l'avenir... et écoutez-moi...

Marthe essuya ses larmes.

Jacques poursuivit :

— Quel âge avez-vous ?

— Dix-neuf ans...

— C'est un âge où les dangers naissent à chaque pas devant une jeune fille isolée dans le monde, surtout quand cette jeune fille est belle comme vous... La noblesse de votre âme, la rectitude de votre esprit, vous permettront, je n'en doute pas, d'éviter les pièges tendus pour vous prendre, mais enfin, j'aimerais vous voir certaine de trouver un emploi... — La concurrence les rend si rares par le temps qui court... On se les dispute avec l'acharnement de chiens affamés s'entre-dévorant sur un os ! — C'est la bataille pour la vie !... — Les villes de province offrent peu de ressources... — Les portes restent closes devant les étrangers, et j'ai grand'peur que vous ne trouviez rien ici.

— Je vous ai dit, monsieur, l'unique cause de mon désir de rester à Joigny... — répliqua Marthe,

— si je n'y puis vivre de mon travail, j'irai ailleurs...

— Où ?

— Je ne sais pas... — Je mettrai ma confiance en Dieu, et Dieu me conduira, je l'espère...

— Voilà de nobles sentiments, mademoiselle, et qui vous font honneur... — L'espoir que vous fondez sur la Providence ne doit point être déçu ! — Cette providence, se sera moi, peut-être...

— Vous, monsieur ?...

— Pourquoi non ? — j'irai droit à mon but. J'ai une proposition à vous adresser, et je serai vraiment très heureux si elle vous agrée... comme je le crois... comme je l'espère...

XIX

Marthe regardait son interlocuteur avec étonnement, émotion et curiosité.

Elle avait hâte qu'il s'expliquât.

Jacques reprit :

— Mon secrétaire vous a révélé, je le sais, l'une des causes de la vive sympathie que vous m'avez inspirée dès le premier abord. — Votre visage offre une ressemblance frappante avec celui d'une fille que j'ai perdue... Une adorable et chère petite créature en qui j'avais mis toute mon âme, toutes mes affections, toutes mes espérances, et que Dieu m'a enlevée, ainsi que sa mère, au moment où elle entrait dans sa treizième année... — Vos traits m'ont rappelé les traits de l'ange qui n'est plus, et mon cœur est allé à celle en qui je revoyais mon enfant... — Bref, je me suis pris soudainement pour vous d'une tendresse toute paternelle, à laquelle je voudrais qu'il vous fût possible de répondre par une tendresse filiale, et par une confiance absolue...

Jacques Lagarde était un grand comédien, un de ces comédiens de nature qui, dans les rôles improvisés par eux, dépassent de cent coudées leurs plus illustres confrères de la scène.

Après cette tirade admirablement nuancée, il essuya comme à la dérobée deux larmes qu'il avait eu le talent de faire perler au bord de sa paupière.

— Ah! monsieur, — s'écria Marthe remuée jusqu'au fond de l'âme, — comment remercierais-je jamais assez Dieu qui, dans sa bonté, m'a placée sur votre chemin ?... — Pour vous marchander l'affection filiale que vous daignez me demander il faudrait être bien ingrate, et je ne le suis pas !! — Quant à ma confiance, je vous jure qu'elle vous appartient tout entière !...

— Ces paroles me comblent de joie, — reprit Jacques en saisissant les mains de l'orpheline et en les serrant, — elles m'encouragent à vous dire ce que je voudrais faire pour vous... elles me donnent l'espoir que vous accueillerez ma proposition.

« J'ai quitté l'Amérique sans esprit de retour.

» Je vais me fixer à Paris, où ma réputation de médecin spécialiste, réputation solidement établie à New-York, m'a précédé, s'il faut en croire les journaux parisiens, qui tous annoncent bruyamment ma prochaine arrivée.

« Ma fortune est considérable ; — je recevrai beaucoup, et comme, — (fidèle au culte des souvenirs), — je ne me remarierai jamais, j'aurai besoin d'avoir auprès de moi une personne absolument honnête, absolument sûre, sur laquelle je puisse compter comme sur moi-même... — A cette personne appartiendra la direction de mon intérieur... la haute main sur tout et sur tous... — Elle devra me suppléer, en un mot, être un autre moi-même... — Vous comprenez qu'il ne s'agit point d'un emploi subalterne de femme de chambre ou d'intendante... Je veux une amie, une parente, une fille pour ainsi dire, qui fasse les honneurs de ma maison et dont la place à table soit en face de la mienne, comme si elle était vraiment ma fille...

« Voilà le rôle que je vous propose...

« L'acceptez-vous ?...

— Si je l'accepte ! — A cela que puis-je répondre ? — murmura l'orpheline en joignant les mains. — Eh ! monsieur, ce que vous m'offrez, c'est la paix, la tranquillité, la vie honorable et paisible, l'avenir assuré !... Seulement, c'est trop beau... — Le rôle qui m'est destiné par vous, serai-je capable de le remplir ?

— Pourquoi non ?...

— Songez que je n'ai point l'habitude du monde...

— Qu'importe ?

— S'il ne s'agissait que de veiller à vos intérêts, de conduire votre intérieur, de me rendre utile, enfin, en m'effaçant de mon mieux, je m'en tirerais peut-être à peu près... — Mais vous avez parlé de faire les honneurs de votre maison, de prendre place à table en face de vous, et cela demande des qualités qui me manquent absolument... — J'ai peur d'être gauche, empruntée, et, tranchons le mot, ridicule...

Jacques Lagarde eut un sourire aux lèvres.

— Gauche, empruntée, ridicule !! — répéta-t-il ensuite ; — Vous vous connaissez donc bien mal, si vous supposez que vous puissiez être tout cela ! — avec un visage et une tournure comme les vôtres, la gaucherie même serait gracieuse... — Cette habitude du monde qui vous manque, il vous faudra bien peu de temps pour l'acquérir... — Enfin, je réponds de tout... — Je crois superflu d'ajouter que vos fonctions ne sauraient être gratuites... Vos émoluments seront en rapport avec leur importance et vous permettront de vous constituer, jeune encore, une position indépendante, une véritable fortune. — J'ai décidé que vous seriez heureuse, et pour cela je ferai tout... — Votre bonheur est entre vos mains. — Voyons, chère enfant, acceptez-vous ?... Refusez-vous ?

— Refuser lorsque vous venez de me tendre si généreusement la main serait vous prouver que je n'ai pas de cœur... — murmura la jeune fille. — Croyez-le bien, je ne suis point ingrate... Mais laissez-moi au moins une heure pour réfléchir...

— Ma proposition vous effraye-t-elle en quoi que ce soit ?...

— Oh ! non, monsieur, non... au contraire... Mais...

Marthe s'interrompit.

Jacques reprit :

— Songez que, obligé de partir aujourd'hui même, j'ai besoin de savoir immédiatement à quoi m'en tenir sur votre résolution.

— Accordez-moi le temps d'aller demander conseil...

— Demander conseil !! — s'écria le médecin stupéfait, car il savait que Marthe ne connaissait personne à Joigny. — Demander conseil, — répéta-t-il, — à qui donc ?

— A la tombe de ma mère....

— Vous avez raison, mon enfant, — dit le libéré, — allez prier sur cette tombe... interrogez l'âme de votre mère... — elle sera mon alliée, car elle voit du haut du ciel que j'ai votre bonheur pour but, rien que votre bonheur...

Changeant aussitôt de conversation, Jacques demanda :

— Avez-vous pris un peu de nourriture ce matin ?...

— Non, monsieur... rien encore... — Je vais sortir .. En rentrant, je mangerai quelque chose...

— Nous vous attendrons pour déjeuner. — Vous me donnerez en même temps une réponse définitive, car c'est à trois heures que je dois partir...

Les deux hommes se retirèrent.

La comédie très habile que Jacques venait de jouer ne pouvait manquer de produire l'effet attendu sur l'esprit de Marthe, momentanément affaibli par les secousses terribles que l'orpheline venait de subir.

Et quand bien même cet affaiblissement n'aurait point eu lieu, la pauvre enfant pouvait-elle douter d'un homme qui venait de se montrer si grand, si généreux ?... d'un père qui, retrouvant sur son visage les traits chéris de la fille qu'il avait perdue, s'était pris pour elle d'une affection soudaine, et sans presque la connaître l'avait soutenue, assistée, dans le moment le plus douloureux de sa vie ?...

Assurément, en se plaçant au point de vue de Marthe, rien dans les actes, rien dans les paroles du riche docteur américain Thompson, ne pouvait donner prise au plus léger soupçon.

Aussi la jeune fille pensait :

— C'est la bonté divine qui, à l'heure précise où tout semblait devoir me manquer, m'a envoyé un soutien et un guide contre toute espérance. — Mère chérie, je sais d'avance quel sera le conseil que tu vas me donner... Ton âme me dira que le seul moyen de prouver ma reconnaissance au bienfaiteur providentiel placé sur ma route, est d'avoir confiance en lui, et de l'aimer comme s'il était mon père...

Marthe avait revêtu ses vêtements de deuil.

Elle quitta l'auberge du *Martin-Pêcheur* et se rendit au cimetière où, sur la terre fraîchement remuée, on avait posé une croix de bois noir avec une couronne d'immortelles.

L'orpheline s'agenouilla, plongea dans ses mains son visage baigné de larmes et pria de toute son âme.

Comme elle finissait sa prière un gardien du champ des morts, qui venait de l'apercevoir, s'approcha d'elle, la salua respectueusement et lui dit :

— Pardon, mademoiselle... Vous êtes bien mademoiselle Grandchamp, n'est-ce pas ?

— Oui, monsieur... — répondit la jeune fille, en regardant avec une surprise facile à comprendre celui qui lui parlait ainsi.

Le gardien reprit :

— On était allé au *Martin-Pêcheur*, où vous demeurez, pour vous prier de vouloir bien prendre la peine de passer chez le conservateur... — Au *Martin-Pêcheur* on a répondu que vous étiez sortie pour vous rendre au cimetière... — C'est pour ça que je me suis permis de venir vous trouver et de vous interrompre...

— Le conservateur désire me parler ?... — demanda Marthe.

— Oui, mademoiselle... il vous prie de passer à son bureau...

— Il y a sans doute à remplir quelques formalités oubliées ?...

— Faites excuse, mademoiselle, ce n'est pas ça du tout... — Toutes les formalités ont été remplies... — Il s'agit d'une pièce qu'on n'a pu vous remettre hier, et dont il faut que vous donniez reçu...

Marthe suivit le gardien qui la conduisit au bureau du conservateur.

— Mademoiselle, — lui dit ce dernier, — j'ai à vous remettre le reçu de la somme que vous m'avez fait verser et qui représente le prix d'une concession à perpétuité pour la tombe de madame votre mère, et à vous demander votre signature sur un registre.

Le visage de l'orpheline exprimait un profond étonnement.

— La somme que je vous ai fait verser... — répéta-t-elle, — une concession à perpétuité... il y a ici quelque erreur, monsieur... quelque malentendu, certainement...

— Ni erreur, ni malentendu, mademoiselle, j'en suis certain ; — répliqua le conservateur, — l'achat de la concession a été fait en votre nom, et le prix d'acquisition versé par un de vos amis, le docteur américain Thompson, de passage à Joigny...

L'émotion et la douloureuse joie qui s'emparèrent brusquement de Marthe se manifestèrent par une explosion de sanglots.

— En effet, monsieur, — balbutia-t-elle quand elle eut repris un peu de calme, — le docteur Thompson est un de mes amis... C'est le plus noble, le plus généreux des hommes...

Voici le reçu, mademoiselle, et voici le registre...
— Veuillez me donner votre signature...

Marthe signa dans l'endroit qu'on lui indiquait.

— C'est tout, monsieur ? — demanda-t-elle.

— Oui, mademoiselle... — On va faire relever la bière qui sera déposée dans un caveau provisoire, jusqu'à ce que les marbriers aient fini leur travail...

La jeune fille marchait d'étonnement en étonnement

— Les marbriers... — répéta-t-elle.

— Mais, sans doute... Dès aujourd'hui ils se mettent à l'œuvre. Le docteur Thompson a choisi un dessin de monument, donné des ordres, et m'a confié la surveillance des travaux, qui seront bien menés, je vous le promets...

— Toujours lui ! — pensa l'orpheline. — Quelle âme incomparable !... Quelle délicatesse !... Quelle grandeur !... et il ne m'en avait rien dit... Ah ! cet homme est plus qu'un homme !...

Marthe quitta le conservateur.

Il lui semblait que l'âme de sa mère venait de lui répondre, et désormais sa résolution était prise.

Elle retourna en toute hâte à l'auberge du *Martin-Pêcheur*.

Lureau la fit entrer dans une petite salle particulière, attenant au café-restaurant.

Jacques et Pascal l'attendaient dans cette salle.

La jeune fille courut à Jacques et se serait agenouillée devant lui s'il ne l'avait retenue.

— Ah ! monsieur, — s'écria-t-elle d'une voix entrecoupée, — que vous êtes bon !! Je ne vous remercierai jamais assez de ce que vous avez fait pour ma pauvre mère !... Jamais !... jamais !... — Comment vous prouver ma reconnaissance ?...

— En ne me privant point de la fille chérie que j'ai retrouvée en vous... — répondit le médecin, — en acceptant ma proposition...

— Oh! je l'accepte, monsieur!... Je l'accepte! et avec bonheur!...

— Eh bien! je suis plus que payé!... — Déjeunons, et vous irez vous apprêter à partir, car l'heure avance...

Le repas fut court et silencieux.

Dès qu'il fut achevé, la jeune fille monta chez elle et fit ses préparatifs de départ.

Elle allait s'éloigner du lieu où reposait sa mère! — Son cœur était bien gros...

C'est en pleurant qu'elle plaça ses vêtements et un peu de linge dans sa petite malle, où elle serra aussi les différents papiers de famille que Catherinette avait transportés de son premier logement dans la pièce où elle se trouvait.

A ces papiers était joint un portefeuille qu'elle ouvrit et qui contenait d'autres papiers parmi lesquels nous signalerons la *reconnaissance* de la médaille d'or mise au Mont-de-Piété de Joigny.

— Le bijoutier m'a rendu un réel service en me donnant l'idée d'engager au lieu de vendre; — se dit Marthe. — Quand j'aurai mis un peu d'argent de côté j'enverrai la reconnaissance à M. Lureau, et il retirera cette médaille qui doit m'enrichir un jour... du moins, ma pauvre mère le croyait...

« M'enrichir? — qu'ai-je besoin de cette douteuse fortune, à présent que mon avenir semble assuré?...

— Si cependant je devais être riche, c'est ici, près du tombeau de ma mère, que je voudrais revenir me fixer, pour y vivre et pour y mourir...

Marthe avait terminé ses préparatifs de départ.

Elle plaça dans un porte-monnaie le peu d'argent qui lui restait, ferma sa malle et descendit avertir qu'elle était prête.

Une heure après, vêtue de grand deuil et voilée de crêpe noir, elle entrait à la gare de Joigny en compagnie de Jacques et de Pascal.

Tous deux ne réussissaient guère à cacher complètement la joie du triomphe.

Malgré leurs efforts, ils rayonnaient.

Bientôt on entendit les sifflements de la vapeur et la trépidation des wagons en marche, puis le train stoppa.

Les conducteurs crièrent sur le quai :

— Joigny ! Joigny ! — Messieurs les voyageurs pour Paris et la ligne, en voiture !...

Les deux hommes et la jeune fille montèrent dans un compartiment de première classe qui se trouvait vide. — Marthe s'installa dans un angle, ayant en face d'elle Jacques et Pascal.

La pauvre enfant avait grand'peine à retenir ses larmes, en se posant cette question : — Quand me sera-t-il possible de m'agenouiller sur la tombe de ma mère ?...

XX

Pascal et Jacques, — nous croyons que nos lecteurs ne feront nulle difficulté d'en convenir, — avaient joué leur rôle de façon brillante.

Certains désormais du succès, puisque ce succès était aux trois quarts acquis, ils se complaisaient en leurs rêves de fortune, rêves qu'ils comptaient changer à bref délai en réalités.

En arrivant à Paris, les deux hommes se firent conduire non dans un de ces caravansérails brillants et bruyants qui se nomment le *Grand-Hôtel*, l'*Hôtel-Continental* ou l'*Hôtel du Louvre*, mais dans une de ces maisons à la fois confortables et tranquilles, hantées par les étrangers de distinction, ennemis du tapage et des foules cosmopolites.

Cette maison, bien tenue et jouissant d'une excellente renommée, était voisine de la Madeleine et se nommait l'*Hôtel du Parlement.*

Jacques Lagarde, ou plutôt le docteur américain Thompson, y prit un appartement au premier étage, composé d'une antichambre, d'une salle à manger, d'un salon et de trois chambres à coucher.

La chambre destinée à Marthe et complètement indépendante se trouvait séparée de deux autres par un grand cabinet de toilette et par le salon.

— Ma chère enfant, — dit Jacques à la jeune fille, — en attendant que j'aie procédé à notre installation définitive, ce qui ne tardera guère, nous demeurerons ici... — Commandez librement, faites-vous servir avec autorité. — Tout le personnel de cette maison sera largement payé pour être à vos ordres... — Pendant quelques jours, je vous en préviens, vous vous trouverez un peu seule, car nous avons à faire des courses sans nombre... — Je compte vous faire apporter des livres... la lecture vous distraira... — Du reste j'ai ici une parente, une cousine par alliance, que nous verrons, et qui pourra sans doute vous tenir compagnie souvent...

L'orpheline poussa un soupir.

— N'ayez aucune inquiétude pour moi, je vous en prie, — fit-elle, — je ne m'ennuie jamais... — d'ailleurs la solitude me sera douce...

— Ah ! — répliqua vivement Jacques, — je vous

défends bien de vous isoler dans vos rêveries mélancoliques, et de vivre avec le passé... — Vous venez de traverser une période de grandes fatigues et de grands chagrins... — Vous êtes pâle, vos joues se creusent... — Il faudrait peu de chose pour vous faire tomber malade, et nous avons besoin de votre santé... — je vous ordonne un calme moral absolu...

Marthe serra la main du docteur.

En même temps elle murmurait avec un sourire doux et triste.

— Je serai calme, je vous le promets...

Jacques fit monter à dîner dans l'appartement, puis chacun gagna sa chambre pour y chercher un repos nécessaire.

Les deux complices avaient remis au lendemain leurs courses dans Paris.

La première démarche de Pascal devait être une visite à cette Angèle, de qui nous l'avons entendu parler déjà comme d'une bonne et fidèle amie, et qui pouvait devenir très utile à la réalisation des projets communs.

Il comptait, en allant chez elle, se faire accompagner par Jacques Lagarde.

Dès neuf heures, les deux hommes étaient debout et s'occupaient de leur toilette.

Avant de sortir, Jacques appela une des femmes de chambre de l'hôtel; il la pria d'aller s'informer de la façon dont Marthe avait passé la nuit, et de dire à la jeune fille que lui et son secrétaire rentreraient seulement à midi, pour déjeuner.

Le chasseur reçut l'ordre d'aller chercher une voiture.

Au moment d'y monter, Jacques demanda :

— Où allons-nous d'abord ?

— Chez Angèle, — répondit Pascal.

Et il cria au cocher :

— Rue Caumartin, numéro 54.

La voiture roula.

Pascal Saunier, pendant les deux années qui précédèrent son emprisonnement, avait été très épris d'Angèle Mortin et, s'il était devenu faussaire, c'était en grande partie pour prévenir les caprices de sa maîtresse et pour satisfaire ses goûts de dissipation.

Angèle Mortin, déclarée très belle encore à cette époque, quoiqu'elle ne fût plus de la première jeunesse, ni même de la seconde car elle atteignait sa quarante-cinquième année, avait partagé très sincèrement la passion du beau Pascal, alors secrétaire intime du comte Philippe de Thonnerieux..

Elle s'était sentie d'autant plus malheureuse de son arrestation et de sa condamnation que, malgré son manque à peu près complet de sens moral, elle se sentait en grande partie responsable du crime commis, les faux billets mis en circulation l'ayant été pour elle.

Aussi, pendant le séjour de Pascal dans la prison de Nimes, Angèle n'avait jamais cessé de penser à lui, de lui écrire des lettres encourageantes, de lui envoyer des subsides.

Persuadée, non sans raison, qu'elle l'aimait encore, et se fabriquant sur le tard une sorte de passion romanesque de pensionnaire, elle attendait sa libération et son retour à Paris avec une fiévreuse impatience.

Il n'est point rare, de trouver, dans la catégorie des filles d'Ève dont Angèle faisait partie, de sincères dévouements, poussés jusqu'à l'abnégation la plus complète, jusqu'au sacrifice le plus absolu, et qui seraient de tout point admirables s'ils avaient une origine plus noble et des mobiles d'un ordre plus élevé.

Angèle Mortin ne consacrait point exclusivement son existence à la galanterie. — Elle exerçait une profession, singulièrement vulgaire d'ailleurs, celle de marchande à la toilette.

C'est une partie des gains résultant de cette industrie qu'elle faisait passer à Pascal, afin de lui rendre la captivité moins dure.

L'ex-secrétaire du comte de Thonnerieux était un misérable sans âme, nos lecteurs le savent, mais les bandits les plus infâmes ont généralement dans le cœur, comme les autres hommes, un endroit moins cuirassé que les autres.

Pascal avait été sensible au souvenir d'Angèle, et surtout à la manière dont ce souvenir se manifestait.

Il éprouvait une sérieuse reconnaissance et il comptait en fournir la preuve en associant Angèle à sa fortune future, sauf à se débarrasser d'elle carrément un jour ou l'autre, si par hasard elle devenait gênante.

D'ailleurs elle pouvait lui être utile, — il le pensait du moins, — et c'était une raison de plus pour conserver avec elle d'excellentes relations.

Dans son industrie de marchande à la toilette, toujours à l'affût des bonnes occasions soit pour acheter, soit pour vendre, Angèle, très intelligente, gagnait quelque argent, mais elle avait la funeste habitude de ne rien mettre de côté.

Remplie d'ordre comme commerçante et tenant ses livres avec une irréprochable régularité, elle devenait l'incarnation du désordre aussitôt qu'il ne s'agissait plus d'un achat ou d'une vente.

Gourmande, avide de plaisirs, éprise d'élégance tapageuse, aimant à frayer avec les jeunes, elle dépensait ses bénéfices en loges de théâtre, en frais de voitures, en dîners fins dans les restaurants du boulevard ou dans les guinguettes suburbaines, en toilettes voyantes, etc., etc.

Bref, elle ne parvenait point sans peine à joindre les deux bouts.

A mesure qu'approchait l'époque où Pascal devait sortir de la maison centrale de Nîmes, Angèle *enrayait*, si nous pouvons nous servir de cette expression. — Plus de dîners fins, plus de voitures, plus d'avant-scènes. — L'économie, presque l'avarice, au lieu de l'habituelle prodigalité.

Elle voulait accueillir l'ami retrouvé en lui jurant qu'elle avait été, pendant sa longue absence, un modèle de fidélité et de vertu, et en lui montrant un boursicot bien garni, — chose à laquelle il serait tout particulièrement sensible, elle ne se le dissimulait point.

A partir du moment où Pascal annonça pour le surlendemain son départ de Nîmes, Angèle Mortin attendit, la tête et le cœur à l'envers.

La lettre écrite de Joigny tomba comme une goutte d'eau glacée sur cette ébullition et l'arrêta net.

Angèle se sentit prise d'une effroyable inquiétude.

Que signifiait ce retard au sujet duquel Pascal ne donnait aucune explication ?

Cette sobriété de détails — (dont nos lecteurs connaissent la cause) — lui parut au plus haut point suspecte.

Elle crut à quelque fourberie.

Elle se dit que, libre à cette heure, pouvant se passer d'elle, Pascal préludait à l'abandon par le mensonge.

Le jeune homme allait sans le moindre doute se détacher d'elle...

Peut-être même songeait-il à ne plus la revoir...

Et, sans transition, la douleur et la colère succédèrent au ravissement d'Angèle, et grandirent dans des proportions inouïes à mesure que les heures et les jours passèrent sans lui apporter de nouvelles.

Elle ne mangeait plus ; — elle ne dormait plus ; — elle oubliait même d'arracher les quelques fils d'argent qui commençaient à se mêler aux masses opulentes de ses cheveux fauves.

On peut juger sans peine de ce que furent son saisissement et sa joie, lorsque, vers dix heures du matin, répondant à un coup de sonnette magistral, elle alla, en robe de chambre et en pantoufles, ouvrir elle-même la porte de son appartement, situé à l'entresol, et qu'elle se vit en présence de Pascal.

Les diverses manifestations de l'allégresse sont fort dissemblables.

Angèle poussa un petit cri, devint très pâle et se

mit à pleurer puis, attirant Pascal dans l'antichambre, elle lui sauta au cou sans prononcer un mot, et ses larmes se changèrent en sanglots.

Ses premières paroles furent celles-ci :

— Faut-il que je sois bête !! — Dire que c'est le trop grand contentement qui me déguise en fontaine Wallace !! — Tu vas te moquer de moi, hein, bébé ?...

Pascal n'y songeait nullement, ayant lui-même les yeux un peu humides.

Les premières effusions passées, on quitta l'antichambre pour entrer dans une petite pièce servant tout à la fois de salon et de magasin, car les défroques féminines couvraient tous les meubles; — l'ex-secrétaire du comte de Thonnerieux présenta son ami le docteur Thompson, puis il ajouta :

— Si je ne suis pas venu seul ce matin, ma chère Angèle, c'est que nous avons à causer d'affaires...

— Ah bah !...

— Et même d'affaires très sérieuses...

Angèle se mit à rire.

— Ça ne doit pas vous étonner beaucoup que ça m'étonne un peu ! — dit-elle. — Soyons sérieux tant qu'il vous plaira !... asseyons-nous et causons sérieusement...

Et la fidèle amie de Pascal se laissa tomber sur une chauffeuse qu'elle avait préalablement débarrassée d'un manteau de velours et de deux ou trois jupes de soie.

Le rôle d'Angèle dans ce récit devant avoir une assez grande importance, faisons à la déclassée les honneur d'un croquis rapide.

Après avoir été merveilleusement jolie et fort à la mode vers la fin du second empire, elle demeurait, nous l'avons dit, très belle encore, quoiqu'un embonpoint intempestif fût venu l'alourdir et empâter des formes dignes jadis de la statuaire. — Heureusement elle était grande et portait à merveille ce qu'elle appelait en plaisantant *son excédent de bagage*. — Cet *excédent* donnait même à sa tournure une certaine majesté, quand elle étalait sur les marches d'un escalier de théâtre les longues traînes de ses robes.

En la voyant, on pouvait s'écrier, sans la moindre arrière-pensée moqueuse :

— C'est un Rubens !...

Le ton d'un roux doré de sa chevelure contribuait à accentuer sa ressemblance avec les déesses de l'illustre maître flamand.

Ces cheveux couleur de flamme allaient bien avec un teint d'une blancheur faiblement rosée, et avec des prunelles semblables à celles de la duchesse de Nevers :

Aux yeux verts!

Ses dents très soignées demeuraient intactes. — C'est tout au plus si quelques petites rayures, presque imperceptibles et soigneusement cachées d'ailleurs sous la veloutine, commençaient à rayer l'angle externe des paupières un peu meurtries, et faiblement soulignées par ce *cercle bleu* dont parle Nadaud dans une chanson célèbre.

Les traits, bien qu'épaissis, gardaient *la ligne*; l'expression du visage était agréable ; les mains, fines encore, les pieds point déformés. — Bref, Angèle Mortin, telle que nous venons de la décrire, pouvait fort bien être l'objet, sinon d'une grande passion, au moins d'un caprice très vif.

Lorsque nous aurons ajouté qu'Angèle portait bien la toilette et qu'elle savait se donner, à l'occasion, l'air réservé d'une honnête femme, nos lecteurs la connaîtront aussi bien que nous.

Pascal entama l'entretien par cette question :

— Et, d'abord, comment vont tes affaires ?

Angèle eut une moue significative.

—Dame ! tu sais, — répondit-elle, — les affaires ne marchent pas fort ! Tous les commerçants se plaignent, et je ne fais point exception à la règle générale...

— Alors, les bénéfices ?...

— Faiblards, les bénéfices... tout à fait anémiques...

— Le chiffre, approximativement, par mois ?

— Cinq ou six cents francs, à peu près, en se donnant beaucoup de mal... A peine de quoi vivoter...
— Certainement on gagnerait plus, mais il y a les pertes... — Dans ma partie il faut acheter tout comptant et vendre presque tout à crédit... — Or, telle cliente, parfaitement solvable aujourd'hui, ne le sera plus demain... — On ne peut pas deviner ça, et on est pincé dans les grands prix !!...

— Bref, tu n'entrevois aucune chance de faire fortune à bref délai?

— Ni à bref délai, ni à longue échéance... Ah! sapristi, non !

— Alors tu abandonnerais volontiers ton commerce pour une position sûre et solide qui, sans te donner le moindre souci, te permettrait de vivre agréablement tout de suite, et t'assurerait pour l'avenir une agréable aisance ?...

— Si c'était ce que tu dis, ce serait très chic ! — Mais qui me l'offrirait, cette position?

— Mon ami le docteur Thompson, que je viens de te présenter, et moi.

— Parbleu ! si tu es de l'affaire, c'est accepté d'avance !... Tu sais bien que pour toi, mon Pascal, je ferai n'importe quoi... et le reste ! Je me jetterai, à ton choix, dans le feu ou dans l'eau ! — Tu es bien sûr de ça, n'est-ce pas ?

— Oui... oui, j'en suis sûr... je te connais... tu es une bonne fille très dévouée... — Donc, voici qui est bien convenu, tu seras prête à nous seconder, le docteur Thompson et moi, dans ce qu'il nous plaira d'entreprendre ?

— Convenu, entendu !... C'est comme si tous les notaires y avaient passé ! — Comptez sur moi autant que sur vous-mêmes !...

XXI

Après un silence, Angèle ajouta :

— Et, présentement que nous voici d'accord, je ne serais point fâchée de savoir à quoi je vais collaborer...

— En temps et lieu, tu le sauras... — répliqua Pascal. — Plus tard, nous te mettrons au courant. — Il doit te suffire d'être certaine que, marchant avec nous, tu marches vers la fortune !...

— Je vous suivrai partout... — Arrivons à l'étape le plus tôt possible...

— Tu dois avoir de nombreuses relations dans le demi-monde... — reprit l'ex-secrétaire du comte de Thonnerieux.

— C'est ce qui te trompe... j'en ai fort peu. — Quand je me suis toquée de toi, mon Pascal, j'ai perdu de vue presque toutes ces dames...

— Où recrutes-tu donc la clientèle féminine?...

— Dans le vrai monde...

— Dans le vrai monde! — répéta Jacques Lagarde avec une incrédulité railleuse. — Allons donc!

— Mais parfaitement, — reprit Angèle. — Cela vous étonne, cher monsieur?...

— Beaucoup, je l'avoue.

— C'est cependant bien simple... — Je m'adresse aux femmes de chambre, et par les femmes de chambre on arrive aux maîtresses... — Ah! si vous connaissiez comme moi les petits mystères de la vie parisienne, les vrais, vous sauriez combien il y a de femmes du monde, — (et je ne parle pas du *toc!* j'entends des comtesses et des baronnes pour de vrai!) — dont la fortune n'est qu'un trompe-l'œil et qui n'ont pas l'argent qu'il faudrait pour soutenir leur rang, ou bien (ce qui revient au même), qui veulent chanter plus haut que leur voix!... — il leur faut des élégances raffinées, il leur faut du luxe, il leur faut des toilettes du grand couturier... — Ne pouvant avoir tout cela de première main, elles se contentent de l'avoir de seconde, et la marchande à la toilette entre en scène... Comprenez-vous, présentement, cher monsieur?

— Je commence... — dit Jacques en souriant.

— Et quant aux hommes?... — demanda Pascal.

— Ah! du côté des hommes, plus personne! —

Rompues, toutes mes relations depuis notre amour, et surtout depuis ton départ... absolument rompues...

— Fâcheux !

— Mais, — reprit vivement Angèle, — rien ne serait plus facile que de me remettre dans le train... — il suffirait pour cela de quelques jours, en me montrant en tenue de gala, au Bois, aux premières, aux courses, partout enfin où on rencontre tout Paris... le tout Paris des gens chics !...

— C'est au mieux... Tu recevras nos instructions à cet égard... — Pour le quart d'heure ton rôle sera bien simple...

— Voyons ça ! je suis curieuse de le connaître...

— Tu es une parente éloignée du docteur Thompson que voici... Or, le docteur entoure d'une protection toute spéciale une jeune fille à laquelle tu seras présentée, et près de qui tu tiendras l'emploi d'amie sérieuse, de chaperon, de dame de compagnie.

Angèle avait froncé les sourcils et ses narines se dilataient.

— Une jeune fille !... — répéta-t-elle.

Le jeu de physionomie de la déclassée n'avait point échappé à Pascal.

— Pas de bêtises, ma chère ! — s'écria-t-il. — Pas d'idées saugrenues et de jalousies ridicules !... — La jeune fille dont il s'agit doit être l'instrument de notre fortune; par conséquent elle est sacrée pour nous ! — Voici d'ailleurs l'histoire de cette enfant, histoire que tu dois connaître avant la présentation... Ça t'évitera des *impairs*...

Pascal raconta ce que nos lecteurs connaissent déjà, sauf, bien entendu, ce qui se rapportait à la médaille commémorative, dont il ne savait pas le premier mot.

Angèle possédait au plus haut point cette sensibilité factice qui fait tremper tant de mouchoirs au théâtre, les soirs de mélodrame.

— Pauvre jeune fille ! — murmura-t-elle en larmoyant, — si jeune, si belle, si malheureuse, si abandonnée ! — une véritable héroïne de roman-feuilleton à sensation ! — je l'aime déjà de tout mon cœur !...

Elle ajouta en regardant Pascal et Jacques :

— Vous voulez sans doute la produire dans le monde... lui donner l'occasion de jeter le grappin sur quelque archi-millionnaire, le lui faire épouser et prélever un million ou deux sur la dot... — Ça ne serait point bête du tout !...

Les deux hommes échangèrent un sourire, puis Pascal répliqua :

— Lorsque nous en serons là, les explications les plus complètes te seront données, mais nous n'en sommes pas là. — Résumons-nous : — Tu es la cousine par alliance du docteur Thompson ; tu vas devenir la meilleure, ou plutôt la seule amie de Marthe Grandchamp; tes fonctions consisteront à veiller sur elle, à la distraire, et tu consacreras ta grande expérience des choses de la vie à l'empêcher de se laisser prendre son cœur... — On ne manquera pas de lui débiter tous les clichés de la galanterie, tous les lieux communs de l'amour banal... — Il faut que, grâce à toi, ses oreilles soient sourdes à ces vains propos ! il le faut absolument ! — Marthe s'éprenant de quelqu'un, ce serait notre ruine, songes-y bien !...

— Bref, — fit Angèle avec un long éclat de rire, — me voilà transformée en cuirassier du jardin des Hespérides, gardien des pommes d'or !...

— Très juste, la comparaison, seulement le *cuirassier* était un *dragon,* dit l'histoire.

— Bah ! *dragon* ou *cuirassier* c'est la même chose ! — Le rôle est amusant... — Je l'accepte... Ça me changera... — Quand me présenterez-vous à la jeune personne ?

— Tout à l'heure, car tu vas venir déjeuner avec nous... N'oublie point que, devant elle, tu ne me connais pas, — ajouta Pascal. — Tu ne connais que ton cousin le docteur Thompson.

— C'est entendu, cousin... et je saurai vous témoigner cette familiarité décente que comporte le cousinage.

— Souvenez-vous surtout, — dit Jacques à son tour, — que Marthe est le portrait vivant de ma fille que j'adorais et que j'ai perdue... Cette ressemblance est même la cause principale de ma soudaine affection pour l'orpheline...

— Est-ce que c'est vrai cette menterie-là ? — demanda Angèle en riant de nouveau.

— Il faut que ce soit vrai, — répondit l'ex-secrétaire du comte de Thonnerieux.

— Eh bien ! soyez paisibles, on s'y conformera... Du moment qu'il s'agit de gagner un gros lot à la loterie de l'avenir, et surtout d'obliger mon beau Pascal et son ami, je deviens une chose passive et soumise, un instrument agissant sans comprendre, une machine qui ne raisonne pas...

— C'est ainsi qu'il faut être, pour nous aider à décrocher la timbale! — dit Jacques Lagarde. — Maintenant, je vous soumets une idée qui m'est venue... — Je crois que pour le quart d'heure il serait essentiel, avant toute chose, d'éloigner Marthe de Paris...

— Éloigner Marthe de Paris ! — répéta Pascal stupéfait. — Pourquoi ?

— Pour éviter qu'elle n'attire prématurément l'attention... — Son éclatante beauté est le principal atout de notre jeu... or, pour que cette beauté nous serve bien, il ne faut point qu'on l'ait remarquée ailleurs que chez le docteur Thompson ; donc, comme nous ne pouvons enfermer Marthe et la priver de toute sortie, ce qui d'une part serait cruel, et de l'autre très mauvais pour sa santé par conséquent pour sa beauté, je trouverais utile, indispensable même, de l'installer dans une petite maison de campagne aux environs de Paris... — Là elle pourra respirer en toute liberté le bon air... — Personne ne la verra, sauf des paysans qui ne feront pas attention à elle, et elle se remettra bien vite de l'ébranlement causé par les chagrins et les privations... — J'ajouterai qu'en dehors de ces considérations, sa présence à Paris serait non seulement inutile, mais gênante pour nous, pendant que nous préparons notre installation... — Suis-je dans le vrai ?

— Vous devez y être... — dit Angèle... — pour ma part je suis de votre avis sans même savoir où vous allez...

— J'approuve également... — appuya Pascal. — Dès demain, je m'occuperai de trouver une retraite champêtre bien isolée, un petit ermitage perdu sous de grands arbres, où nous conduirons Marthe, et où Angèle lui tiendra bonne et fidèle compagnie.

— Bravo ! — s'écria la marchande à la toilette, — ça me plaira tout plein la villégiature ! — d'abord on ne se figure pas combien j'ai des goûts bucoliques ! — Voir se lever l'aurore, mon rêve !! — boire du lait frais, manger du pain bis, ça dégotte un peu la carte du jour des premiers restaurants de Paris !... Ecouter la fauvette et le rossignol, c'est autrement chic que d'entendre dans les *beuglants* Paulus et madame Faure !... Telle que vous me voyez, mes excellents bons, j'étais née pour être fermière ! J'ai raté ma vocation !

— Voilà qui va bien ! — fit Pascal, — mais autre chose, et une chose des plus importantes... — ajouta-t-il en s'adressant toujours à Angèle. — Tu n'as pas gardé, n'est-ce pas, la petite chambre louée par moi à Montmartre rue des Moines sous un nom de fantaisie, avant mes ennuis, et tu as déménagé tout ce qui s'y trouvait ?...

— Je te prie de le croire !... — Tu avais dit que cette chambre renfermait certaines choses fort compromettantes pour toi si la police y fourrait son nez... J'ai pris mes précautions...

— Je savais bien pouvoir compter sur toi !! — Où as-tu déposé ce qui se trouvait dans cette chambre ?

— Dans un autre local que j'ai loué après ton départ pour *là-bas*, et dont j'ai ponctuellement payé le loyer... — J'y allais de temps à autre donner un peu d'air. — La location est à mon nom, soi-disant pour un de mes cousins qui est censé voyager en Amérique...

— Parfaitement combiné !...

— Quand on aime bien, on n'est jamais bête, mon beau Pascal...

— Où est cette chambre ?

— Dans un quartier perdu... — Rue de Puébla, numéro 69.

— Le prétendu cousin, comment s'appelle-t-il ?

— Jules Mortin...

— Ah ! bien, Jules Mortin, ce sera moi... — Tu me conduiras rue de Puébla...

— Quand ?

— Dès ce soir... — J'ai différentes recherches à faire dans les objets déménagés... — Maintenant dépêche-toi de t'habiller... Nous allons te mener déjeuner à l'hôtel du *Parlement*, où nous sommes descendus, et nous te présenterons Marthe Grandchamp.

— Je ne vous demande que dix minutes... — fit Angèle. — Toilette simple, n'est-ce pas ?

— Très simple, et même un peu sévère.

— Compris...

Angèle disparut et, avant que les dix minutes fussent écoulées, on la vit revenir entièrement vêtue de noir avec un goût parfait.

Nos trois personnages montèrent dans la voiture

qui stationnait à la porte et qui prit le chemin de l'hôtel du *Parlement,* situé à proximité de la place de la Madeleine.

Marthe, absorbée dans ses pensées, attendait sans impatience le retour de ses protecteurs, et ne s'était pas même aperçue de la durée de leur absence.

Elle fut présentée à Angèle par Jacques, ou plutôt par le docteur Thompson, qui lui présenta ensuite celle-ci comme sa cousine.

Angèle se montra si gracieuse, si affectueuse, si *bonne enfant,* que Marthe se sentit conquise tout de suite et très disposée à s'attacher à sa nouvelle amie.

Tout en déjeunant, le docteur parla du projet conçu par lui d'envoyer mademoiselle Grandchamp vivre à la campagne en compagnie d'Angèle, pendant les quelques jours où les préparatifs de son installation l'absorberaient de façon complète.

Rien ne pouvait être plus agréable à la jeune fille que la réalisation de ce projet qui lui permettrait de passer ses premiers jours de deuil loin du monde, dans une solitude à peu près complète, et il fut de nouveau convenu que le lendemain Pascal se mettrait en quête d'une retraite agréable aux environs de Paris, sur les bords de la Seine ou de la Marne.

Marthe avait quitté la grande ville si jeune qu'elle ne se rappelait absolument rien et, sans le poignant chagrin qu'elle éprouvait, elle aurait certes pris plaisir à visiter ce Paris où elle était née et qu'elle ignorait.

Nous savons que les deux complices tenaient essentiellement à ne la point exposer aux regards curieux.

En conséquence, il ne fut pas question de la faire sortir, et elle regagna sa chambre où Angèle voulut l'accompagner et acheva de faire sa conquête en l'entourant de petits soins, d'attentions délicates, en l'*enguirlandant*, en un mot, comme on dit dans l'argot parisien.

Pascal et Jacques étaient sortis pour opérer des achats de toute nature.

Jacques rentra le premier.

Son compagnon, ayant affaire dans un quartier éloigné, s'était séparé de lui.

— Où vas-tu ? — lui avait demandé le médecin.

— Où je vais ? — répéta Pascal en souriant. — Je vais reconnaître le gisement de la mine d'or qui doit nous fournir les premiers lingots indispensables pour notre installation sur une grande échelle.

Après avoir quitté Jacques Lagarde sur le boulevard, le jeune homme prit un fiacre et donna l'ordre au cocher de le conduire à la place Saint-Sulpice.

Là, il abandonna sa voiture et remonta pédestrement la rue Bonaparte qui se trouve en cet endroit bordée à droite et à gauche par de hautes murailles, au-dessus desquelles émergent les cimes de vieux arbres.

Ces murailles enferment, à gauche, le jardin du grand séminaire de Saint-Sulpice ; — à droite, le jardin de l'hôtel du comte Philippe de Thonnerieux.

Pascal Saunier marchait sur le trottoir de gauche, regardant à droite.

En face d'une porte étroite et basse, véritable porte de service, percée dans la muraille du jardin de l'hôtel et peinte en vert sombre, il s'arrêta.

— Rien n'est changé... — murmura-t-il. — On n'a point muré la porte dont j'ai la clef. — Reste à savoir si le comte vit encore...

Il continua sa route en montant du côté du Luxembourg, traversa la rue de Vaugirard, s'engagea sur le trottoir faisant face à l'hôtel de Thonnerieux, parcourut un espace de cinquante à soixante pas, puis, tournant sur lui-même, reprit le chemin parcouru.

Comme il arrivait près du bureau des omnibus placé à l'angle de la rue de Vaugirard et de la rue Bonaparte, il vit s'ouvrir l'un des battants de la porte cochère de l'hôtel. — Le vieux valet de chambre que nous connaissons sortit accompagnant un fournisseur avec lequel il causa pendant quelques instants sur le seuil.

L'entrebâillement de la porte permettait de voir au fond de la cour des palefreniers lavant une voiture.

— C'est Jérôme, — murmura Pascal, — et la voiture a servi ce matin, ou servira ce soir... — Il est certain que le comte est vivant. — C'est tout ce que je voulais savoir...

XXII

Pascal ayant opéré les constatations, but de sa course, regagna la place Saint-Sulpice, prit une voiture et se fit conduire à l'hôtel du *Parlement* où Jacques l'accueillit par cette question :

— Eh bien ! le gisement aux lingots d'or?

— Toujours à la même place, et les difficultés de l'exploitation ne me paraissent point insurmontables. — Bientôt je tenterai l'aventure.

On avait atteint l'heure du dîner.

Angèle et Marthe furent appelées, et l'on prit le repas du soir dans le petit salon où on avait déjeuné le matin.

Marthe regagna ensuite sa chambre, après avoir fait promettre à Angèle de revenir le lendemain.

Les deux complices voyaient avec joie la sympathie qu'Angèle inspirait à mademoiselle Grandchamp.

Cette sympathie, que la déclassée saurait affermir, assurait de plus en plus leur domination sur l'orpheline.

Il était neuf heures du soir.

— Tu vas me conduire rue de Puébla... — dit Pascal à sa fidèle amie, — j'ai besoin de passer la revue des objets qui s'y trouvent déposés...

— Puis-je vous accompagner ? — demanda Jacques.

— Oui, certes !

— Eh bien ! allons...

La rue de Puébla, qui contourne les Buttes-Chaumont du côté de Belleville, et dont l'extrémité se greffant sur l'avenue de Vincennes a pris le nom de rue des Pyrénées, est peu habitée, mais les constructions y sont belles et dignes de quartiers moins excentriques.

La maison où Angèle avait loué une chambre pour y loger le mobilier de son pseudo-cousin se trouvait juste en face du parc des Buttes.

Il était dix heures au moment où la voiture amenant nos trois personnages fit halte devant cette maison.

Angèle sonna.

La porte s'ouvrit, laissant voir le vestibule et l'escalier éclairés au gaz.

Dans la loge, la concierge travaillait à un ouvrage de couture.

Elle leva la tête et s'écria :

— Tiens !... madame Mortin !... — Par quel hasard, donc, à cette heure ?

— Ce n'est point par hasard, — répondit Angèle. — Je viens mettre en possession de sa petite chambre mon cousin arrivé ce soir à Paris...

— Ah ! — fit la concierge en examinant Pascal, — c'est monsieur qui arrive d'Amérique.

— Oui, ma chère dame, et je n'ai, je vous assure, nulle envie d'y retourner... — répliqua le jeune homme en riant.

— Faut-il vous prêter un bougeoir, madame Mortin ? — demanda la portière.

— Inutile... — j'ai monté dernièrement un paquet de bougies... — il y a tout ce qu'il faut.

— Est-ce que monsieur votre cousin couche ici ce soir ?...

Ce fut Pascal qui répondit :

— Non... non, madame... — je viens chercher différents papiers dont j'ai besoin... — je compte d'ailleurs ne faire de ce petit logement qu'un pied-à-terre... — Je vais habiter la campagne près de Paris...

— Montons... — dit Angèle. — Vous serez bien aimable, ma chère dame, de n'éteindre que quand nous serons partis... — Nous ne resterons pas longtemps là-haut, et nous verrons clair pour descendre.

— Entendu.

Angèle s'engagea dans l'escalier où Pascal et Jacques la suivirent.

La chambre était située au cinquième étage.

Aussitôt la porte ouverte et deux bougies allumées, l'ex-secrétaire du comte de Thonnerieux jeta un coup d'œil autour de lui.

Une couche assez épaisse de poussière recouvrait les meubles, mais toutes choses se trouvaient dans un ordre parfait.

Le mobilier fort simple se composait d'un lit, d'une armoire, d'une table de nuit, d'une table de toilette, d'un bureau et de quatre chaises. — De plus, sur la cheminée se voyaient une petite pendule et deux flambeaux.

Dans un angle, s'entassaient des valises et des malles soigneusement fermées.

Pascal sembla très satisfait de son examen, et il félicita Angèle, radieuse, du soin apporté par elle à la double opération du déménagement et de l'emménagement.

— Prends-tu ce que tu es venu chercher? — demanda Jacques à Pascal.

— Non... — répondit celui-ci. — C'est dans une des ces malles, à coup sûr, mais je ne sais plus dans laquelle, et l'exploration serait trop longue.

— On n'a touché à rien depuis ton départ, — fit Angèle.

— Où sont les clefs ?

— Dans ce tiroir.

Pascal ouvrit le tiroir du bureau et il en tira un trousseau de petites clefs.

— Est-ce que ces valises et ces malles sont pleines ? — reprit Jacques Lagarde.

— Parfaitement, docteur...

— Et de quoi ?

— De toutes sortes de choses... d'objets de tous genres... Ainsi, l'une d'elles renferme un attirail très complet de graveur en taille douce et de lithographe, burins, planches à graver, pierres à dessiner et, en outre, des flacons de drogues de chimiste, des acides, des réactifs, etc., etc.

— Je comprends... — fit Jacques Lagarde avec un sourire, — c'est dans cette malle que doit se trouver certain diplôme de docteur américain...

— Tout juste.

— Et les outils destinés à l'exploitation du gisement d'or...

— Egalement. — Demain ou après-demain, quand j'aurai trouvé l'agréable retraite champêtre qu'Angèle et Marthe embelliront de leur gracieuse présence, je m'occuperai de cela...

Angèle était devenue pâle.

— Prends garde... — dit-elle vivement. — Tu sais ce qu'il t'en a coûté pour quelques malheureuses signatures... — S'il fallait qu'il t'arrive encore des ennuis, d'abord, moi, vois-tu, j'en mourrais.

— Rassure-toi, chère amie, — répliqua Pascal, — je ne suis point de ces fous à qui les leçons du passé ne profitent pas... — Chercher la fortune en fabriquant de fausses traites ou de faux billets de banque est un projet tout à fait enfantin qui ne se logerait plus dans ma cervelle mûrie... — Nous avons en tête des projets plus sérieux, je te prie de le croire... — Je n'emploierai désormais le burin et la plume que pour des travaux sans danger et dont les résultats seront brillants... — Tu peux donc dormir sur tes deux oreilles... — On ne fera plus de misère à ton ami.

— A la bonne heure ! — dit Angèle avec un soupir d'allègement.

— Maintenant, laisse-moi inspecter cette chambre...
— La porte ferme bien ?

— J'y ai fait mettre une serrure de sûreté.

— Excellente précaution, et la pièce est précédée d'une petite antichambre qui, si exiguë qu'elle soit, empêcherait une oreille indiscrète, collée à la porte du palier, d'entendre ce qui dirait ici... — Préoccupons-nous du voisinage... — Les murs sont-ils épais ? — Y a-t-il de simples cloisons ?

— Là, c'est un gros mur, — fit Angèle en montrant le côté de la cheminée, — à droite, c'est une cloison, mais la pièce que cette cloison sépare de ta chambre sert de pied-à-terre au propriétaire de la maison. — Il habite la province et ne couche à Paris que trois ou quatre fois par an...

— Tout est donc pour le mieux. — La fenêtre ?...

— Ouvre sur des terrains vagues et sur le parc des Buttes-Chaumont... Elle est, en outre, garnie de persiennes...

— Bravo ! — Je pourrai travailler ici en toute sécurité, et le voisinage des Buttes me sourit... — Sur ce, mes enfants, ne faisons pas brûler trop tard le gaz du propriétaire... — Respect aux propriétaires... Bientôt nous le serons nous-mêmes... — Décampons !..

Nos trois personnages sortirent de la chambre dont Pascal referma la porte derrière lui et dont il mit la clef dans sa poche, puis ils regagnèrent la voiture qui les avait amenés.

Nous ne les suivrons pas.

*
* *

Dix jours environ s'étaient écoulés depuis que nous

avons vu le comte de Thonnerieux écrire son testament.

La sombre tristesse du vieillard restait la même.

La blessure faite à son cœur était trop profonde pour se fermer jamais ; elle saignait toujours, et toujours les mêmes crêpes de deuil enveloppaient son âme.

Si parfois un pâle sourire voltigeait sur ses lèvres, c'est qu'il voulait cacher à ceux qui se trouvaient auprès de lui combien il avait la certitude de sa fin prochaine.

Depuis sa visite à la comtesse de Chatelux, visite à laquelle nous avons fait assister nos lecteurs, le comte avait à peine quitté son hôtel.

Fabien de Chatelux et Paul Fromental étaient venus le voir deux fois ; mais, hélas, la présence de ces enfants, qu'il entourait cependant d'une grande affection, au lieu de calmer ses douleurs n'avait fait que les aviver, les rendre plus cuisantes.

Ces jeunes gens avaient l'âge qu'aurait eu sa fille vivante.

En les voyant, il pensait à cela sans cesse. — Il se disait que, si Dieu l'avait permis, son enfant chérie serait comme eux forte et vaillante ; mais, la trouvant sans doute trop parfaite pour la terre, Dieu l'avait rappelée à lui !

Et le vieillard ne pouvait retenir ses larmes.

Un peu auparavant il dormait encore pendant quelques heures chaque nuit.

C'en était fait du sommeil maintenant.

L'insomnie, ce supplice cruel entre tous, achevait de dissoudre ce pauvre corps déjà brisé.

C'est à peine si le comte Philippe prenait assez de nourriture pour se soutenir.

Les joues déjà si creuses se creusaient davantage.

— L'œil devenait atone, et les regards vacillants semblaient témoigner d'un déséquilibrement moral absolu.

Parfois M. de Thonnerieux avait des *absences* qui faisaient craindre à Jérôme de voir sombrer cette belle intelligence, et son maître arriver à cet état de décadence absolue rapprochant l'extrême vieillesse de la première enfance.

Le médecin, — un ami de la maison, — prolongeait la vie en administrant au comte des cordiaux d'une grande puissance. Mais le moment approchait où le chagrin serait le plus fort et porterait le dernier coup de pioche, celui qui détermine l'écroulement.

Le matin du jour où nous avons mené nos lecteurs avec Pascal Saunier et Jacques Lagarde chez Angèle Mortin, le comte de Thonnerieux ayant comme de coutume sonné son valet de chambre, celui-ci, après l'avoir habillé, l'avait conduit jusqu'à son cabinet en le forçant en quelque sorte à s'appuyer sur son bras.

Le comte ouvrit plusieurs lettres à lui adressées par des quémandeurs ou par les comités des sociétés de secours dont il faisait partie.

A l'heure du déjeuner, Jérôme vint le prendre pour le mener à la salle à manger.

M. de Thonnerieux but une tasse de bouillon, mangea un peu de blanc de poulet, et arrosa ce menu frugal d'un demi-verre de vin de Bordeaux.

— Je compte sortir aujourd'hui... — dit-il après avoir terminé son repas.

Le valet de chambre parut très surpris.

— Sortir aujourd'hui ! — répéta-t-il. — Ne sera-ce pas une grande fatigue pour monsieur le comte ?

— Nullement... — Je me sens, ce matin, moins faible que de coutume, et je crois qu'un peu d'air me fera beaucoup de bien... — Du reste, il faut que je sorte... — Oublies-tu, Jérôme, que c'est aujourd'hui un anniversaire douloureux et sacré, celui de la mort de madame de Thonnerieux ! !

— Oh ! non, je n'oublie pas, je n'oublie rien, mon bon maître... — répondit d'une voix émue le vieux serviteur... — Ce matin, dès le point du jour, je suis allé au cimetière prier sur la tombe de madame... de ma chère maîtresse à jamais regrettée...

Le comte tendit la main à Jérôme comme à un ami.

— Je ne doutais ni de ta mémoire, ni de ton cœur, — lui dit-il, — mais ce que tu as fait, je le ferai comme toi. — C'est mon devoir, c'est ma volonté, et si je n'étais inconsolable ce serait ma consolation...

Ces paroles prononcées d'un ton très doux l'étaient en même temps avec une fermeté qui n'admettait point de réplique.

Le valet de chambre n'avait qu'à s'incliner.

— Tu feras atteler pour deux heures, — reprit M. de Thonnerieux — et tu m'accompagneras...

Les ordres furent donnés, et à l'heure dite le comte et Jérôme partaient pour le pieux pèlerinage dont le cimetière Montparnasse était le but.

C'était là, en effet, que se trouvait le monument de famille où reposaient Suzanne de Rouvray-Thonnerieux, et Marie sa fille, non loin de cette *Tombe-Justice* dont nous avons, dans un précédent ouvrage, raconté l'étrange et dramatique histoire (*).

Construit sur la marge de l'une des grandes allées transversales du cimetière, le mausolée était remarquable par son style.

Ses murailles de granit poli et de marbre noir supportaient un dôme que couronnait une croix de fer forgé.

(*) *Le Fiacre n° 13.* — Dentu, éditeur.

A chacun des angles du tombeau s'élevait une statue de marbre blanc.

Trois de ces statues représentaient les trois vertus théologales : la Foi, l'Espérance et la Charité.

La quatrième figurait l'ange libérateur, de la main montrant le ciel où, délivrées de la poussière humaine, les âmes possèdent l'immortalité.

Une porte de bronze fermait le mausolée.

A l'intérieur, se trouvait un petit autel orné d'un crucifix d'argent et de flambeaux de même métal garnis de leurs cierges.

Quatre prie-Dieu étaient placés en face de l'autel qui disparaissait presque sous un entassement de couronnes.

Au fond, sur une plaque de marbre noir, se lisaient en lettres d'or les noms de la mère et de la fille que le comte Philippe venait pleurer.

Le vieillard descendu de sa voiture marchait lentement, soutenu par le bras de Jérôme, et ce ne fut pas sans peine qu'il atteignit le monument au fronton duquel, sous une couronne comtale, s'étalait cette inscription :

FAMILLE DE THONNERIEUX

Jérôme ouvrit la porte de bronze et s'effaça pour laisser passer son maître.

En entrant dans cette demeure de la mort, Philippe, écrasé par l'émotion, tomba brusquement à genoux, non sur l'un des prie-Dieu, mais sur les dalles.

Derrière lui s'agenouilla le vieux domestique, les joues inondées de grosses larmes.

XXIII

M. de Thonnerieux avait, lui, les paupières sèches.
— Ses yeux, pour avoir trop pleuré, ne gardaient plus de larmes.

Il priait.

On voyait sa poitrine se soulever sous l'effort des sanglots qui ne pouvaient s'échapper de sa gorge.

Longtemps il demeura ainsi prosterné, la tête basse. — Peu à peu les soubresauts de sa poitrine s'arrêtèrent. — Son immobilité devint telle que Jérôme fut pris d'épouvante.

— Monsieur le comte... — fit-il vivement d'une voix effarée, en se penchant vers son maître.

Philippe de Thonnerieux releva la tête, et se tournant vers le serviteur dont il avait compris la pensée secrète, murmura:

— Non, mon bon Jérôme, ce n'est pas fini, mais

la fin approche... — Je ne reviendrai plus vivant ici...
La première fois que j'y rentrerai, ce sera dans mon
cercueil... j'aurai rejoint celles que je pleure... —
La séparation aura été longue... bien longue... Maintenant, elle sera courte... Que Dieu en soit béni !...

— Mon bon maître, ces pensées vous tuent.

— Eh bien ! tant mieux.

— Songez à moi qui vous aime tant et que vous désespérez ! — Venez, monsieur le comte... sortons d'ici...

Et le vieux valet de chambre entraîna son maître, qui n'avait plus la force de résister.

De retour à l'hôtel de la rue de Vaugirard, le comte s'enferma dans la chambre mortuaire que nous connaissons déjà, et là, le visage tourné vers les portraits de ses chères mortes, il redescendit au fond de son abîme de douleur.

Ce fut encore Jérôme qui vint l'arracher aux pensées sinistres où il se plaisait.

L'heure du dîner était proche.

Philippe avait beaucoup baissé depuis le moment où, au matin de ce même jour, il prétendait se trouver moins faible.

C'est à peine s'il pouvait se soutenir.

On eût dit que le pèlerinage au cimetière Montparnasse venait d'anéantir le peu de vitalité qui lui restait.

— Jérôme, — dit-il au valet de chambre qui venait le chercher pour le conduire à la salle à manger, — je suis épuisé, mon ami...

— Ce que je craignais! — murmura le vieux serviteur. — Heureusement, un peu de nourriture remettra monsieur le comte.

— J'ai besoin non de nourriture, mais de repos... Je ne mangerai pas ce soir...

— Ah! par exemple! C'est ça qui serait mauvais! Monsieur le comte prendra la moindre des choses... un œuf poché dans un consommé... quelques gouttes de vin de Porto... c'est un tonique...

— Impossible, mon ami...

— Mais pourquoi?

— Rien ne passerait, je le sens!... — Ce qu'il me faut, c'est du sommeil... au lieu de me mettre à table, je vais me coucher... Aussi bien, s'il me fallait rester debout, ou même assis, je m'évanouirais...

— Au moins, monsieur le comte prendra sa potion?...

— Oui.

La voix de Philippe de Thonnerieux était devenue rauque et saccadée. — Un frisson pareil à celui de la fièvre paludéenne faisait trembler ses membres. Sa tête était brûlante et sa peau glacée.

Jérôme le conduisit, le porta presque à sa chambre, le déshabilla comme il aurait déshabillé un enfant, et l'étendit dans son lit.

A peine sa tête reposait-elle sur l'oreiller qu'une agitation bizarre s'empara de lui. — Ses prunelles, agitées d'un incompréhensible mouvement de rotation, devenaient fixes par instants et paraissaient ne pouvoir se détacher d'un point de la chambre, toujours le même.

Les mains se remuaient dans le vide ; leur mouvement lent et uniforme semblait avoir pour but de ramener sans cesse la couverture sur la poitrine.

Jérôme se prit à trembler.

— Est-ce l'agonie ? — se demanda-t-il avec terreur. — Est-ce la mort ?

Non, ce n'était pas la mort, quoi qu'elle fût assurément bien proche, mais une crise de surexcitation nerveuse provoquée par les émotions de la journée.

Peu à peu cette crise perdit de son intensité, le comte se calma, et Jérôme put lui faire prendre une cuillerée de la potion prescrite par le médecin.

Philippe de Thonnerieux parut alors s'éveiller d'un mauvais sommeil.

Il passa l'une de ses mains sur son front mouillé de sueur, et il murmura :

— Quel rêve étrange je viens de faire...

— Un rêve ? — Monsieur le comte a fait un rêve ? — demanda le vieux serviteur.

— Oui... ou plutôt c'était un cauchemar effroyable...

— Un cauchemar... — répéta Jérôme.

— Je voyais des corps humains... des cadavres étendus l'un à côté de l'autre, comme sur les dalles de la Morgue...

Philippe s'interrompit.

— La visite au cimetière, la vue des tombes auront prédisposé monsieur le comte à ces idées sinistres... — dit vivement le valet de chambre.

M. de Thonnerieux secoua la tête.

— Attends, — reprit-il, — ces corps humains, ces cadavres, je crois les voir encore... ils étaient six, et chacun d'eux portait au cou ou au poignet la médaille d'or que j'ai fait frapper à l'occasion de la naissance de ma fille... — Un homme debout, un couteau à la main, près de ces corps, s'apprêtait à prendre les médailles... — Ses mains étaient rouges de sang... de larges taches sanglantes couvraient son visage et le rendaient méconnaissable... Ah! quel horrible rêve!

— Bien horrible! — appuya Jérôme. — Par bonheur ce n'était qu'un rêve, et monsieur le comte connaît le proverbe : *Tout songe est mensonge!*

— Oui, — répéta Philippe de Thonnerieux, — tout songe est mensonge!... Heureusement.

Et sa tête pâle, un instant soulevée, retomba sur l'oreiller.

Le vieux valet de chambre jugea qu'il était opportun de laisser reposer son maître, maintenant très calme, et il s'éloigna.

Vers neuf heures il revint.

Le comte avait les yeux fermés.

Une respiration bruyante, mais régulière, s'échappait de sa poitrine.

— Il dort, — pensa Jérôme, — tout permet de supposer que la nuit sera bonne, et demain notre cher maître redeviendra ce qu'il était hier.

A dix heures, tout le monde reposait dans l'hôtel, sauf Philippe de Thonnerieux.

Vers cette heure, il subit une nouvelle crise.

Il se souleva sur son lit et tendit avec violence les bras en avant, comme pour repousser les fantômes que ses regards hallucinés voyaient autour de lui.

Ses lèvres s'agitaient.

A coup sûr il voulait parler, crier, appeler à son aide, mais aucun son ne pouvait sortir de sa gorge.

Ses mains s'abattirent sur le lit et, prises d'un mouvement nerveux et machinal, se mirent à remonter, remonter sans cesse les draps et les couvertures.

Tout à coup les yeux, hagards jusqu'à ce moment, s'éteignirent, un tremblement convulsif secoua les membres du vieillard, la tête retomba en arrière, les lèvres frémissantes laissèrent échapper des sons confus, suivis d'un long soupir, puis le corps s'immobilisa.

Le comte Philippe de Thonnerieux, le dernier d'une grande race, venait de rendre à Dieu sa belle âme !...

Dans l'hôtel, nous l'avons dit, tout dormait.

Une veilleuse brûlant sur la table de nuit éclairait vaguement le cadavre du vieux gentilhomme.

. . . .
. . . .

Il était près de neuf heures du matin lorsque Jérôme vint frapper doucement à la porte de son maître.

Ne recevant pas de réponse il frappa de nouveau et, le silence continuant à régner, une frayeur soudaine s'empara de lui ; — il entra.

La veilleuse brûlait toujours, mais ne jetait plus que des lueurs vacillantes dans la chambre assombrie par les lourds rideaux abaissés.

Jérôme s'approcha du lit.

Un des bras du comte reposait sur les couvertures.

Le valet toucha ce bras et le trouva raidi. — Il prit la main, elle était glacée.

Vivement il se pencha vers son maître et approcha sa joue des lèvres décolorées.

Aucun souffle ne s'en échappait.

Il toucha le front et les joues, — ils offraient, comme la main, la glaciale rigidité du marbre.

Le doute devenait impossible.

Philippe de Thonnerieux était mort!

Le vieux serviteur poussa un cri de désespoir, et, tombant à genoux près du lit, pria en sanglotant pour l'âme de ce maître si bon qu'il adorait.

Au bout d'un temps dont il lui fut impossible d'apprécier la durée, il se releva, songeant qu'il avait des devoirs à remplir, en sa qualité d'homme de confiance.

Il ferma toutes les portes, à l'exception de celle de la chambre mortuaire, et il réunit les valets pour leur apprendre le triste événement qui venait de s'accomplir.

Le comte était profondément aimé de tout son entourage et, quoiqu'on s'attendît chaque jour à sa mort, la consternation fut sincère.

Tous les valets portaient la livrée noire, n'ayant jamais quitté le deuil depuis la mort de la comtesse et de sa fille. — Jérôme les conduisit dans la chambre funèbre où ils s'agenouillèrent en versant des larmes que l'attachement seul faisait couler. — Ces braves gens priaient Dieu avec une foi profonde et pleuraient leur maître comme ils auraient pleuré leur père, répudiant ainsi l'infâme devise: *Ni Dieu, ni Maître!*

Ces premiers moments donnés aux manifestations touchantes d'un chagrin légitime, Jérôme envoya chercher le médecin de la maison, qui ne se fit point attendre et constata le décès qu'il prévoyait depuis longtemps déjà.

Alors on arrangea la chambre en chapelle ardente ; on para le lit auprès duquel des religieuses vinrent réciter les prières des morts, et Jérôme alla faire les déclarations légales.

Il se rendit ensuite chez le notaire du comte dont il était en même temps l'ami.

Ce notaire se nommait Pérollet; il habitait la rue de Condé et reçut immédiatement le valet de chambre porteur de la triste nouvelle.

— Vous venez réclamer de moi, sans doute, un conseil, mon cher Jérome ? — demanda-t-il après avoir témoigné un étonnement douloureux.

— Oui, monsieur...

— Eh bien ! parlez.

— Quoique monsieur le comte, mon cher maître à jamais regretté, ait certainement déposé son testament dans votre étude, dois-je aller prier M. le juge de paix de l'arrondissement de venir poser les scellés ?

— Vous le devez d'autant plus que je n'ai dans les mains aucun testament de mon pauvre ami... — répliqua le notaire.

Jérôme fit un geste de surprise.

— Aucun testament !... — répéta-t-il.

— Aucun...

— Il en a fait un cependant, ce n'est point douteux !... — Il n'était pas homme à ne point mettre ses affaires en ordre et à se laisser mourir sans avoir exprimé ses volontés dernières... surtout au sujet des enfants nés le même jour que notre chère jeune maîtresse que nous pleurons encore, mademoiselle de Thonnerieux...

— Je crois comme vous que le comte a fait un testament, et vous pourriez selon toute apparence le trouver dans un des meubles de son cabinet de travail ; mais je vous engage à laisser faire ces recherches par le juge de paix... — Le comte mourant sans héritiers directs, ce qui est notoire, le fisc aura tout particulièrement l'œil sur la succession... — Il ne faut pas qu'on puisse vous adresser le reproche injuste d'avoir abusé des facilités résultant pour vous de votre situation dans la maison. — Donc, sans perdre un instant, réclamez l'apposition des scellés... — Les déclarations légales sont-elles faites ?

— Oui, monsieur.

— Etes-vous en possession de l'argent nécessaire pour parer aux frais considérables des funérailles du comte ?...

— Oui, monsieur. — Mon cher maître, qui me chargeait de payer tout, gages des gens et mémoires des fournisseurs, laissait à ma disposition des sommes importantes dont je lui rendais compte à la fin de chaque année... — J'ai dans les mains en ce moment au moins trente mille francs.

— Ce sera plus que suffisant pour les besoins immédiats... — Vous serez vraisemblablement nommé gardien des scellés, et jusqu'à leur levée vous habiterez l'hôtel... — allez donc vite à la justice de paix... — Attendez... — Toute réflexion faite, je vais avec vous. — Je suis lié avec le juge de paix et je pourrai vous éviter des retards.

Le notaire et le valet de chambre se rendirent ensemble à la mairie.

Il y avait audience de la justice de paix, ce qui n'empêcha point M° Pérollet de s'approcher du magistrat avec Jérôme pendant une suspension d'audience, de lui parler et de lui expliquer en peu de mots la situation.

— Je procéderai à l'apposition des scellés dès que je serai libre... — répondit le juge de paix ; puis il ajouta, en s'adressant à Jérôme :

— Ainsi vous croyez à l'existence d'un testament ?

— Oui, monsieur, et ce testament doit se trouver dans le cabinet de travail, à moins que M. le comte ne l'ait déposé chez un notaire.

— Chez un autre notaire que moi, c'est impossible ! — interrompit M° Pérollet.

— Si l'acte existe, nous le trouverons, — reprit le juge de paix, — et en vertu de l'article 916 du code de procédure civile, je le remettrai entre les mains du président du tribunal de première instance... — Je vais donner l'ordre à mon greffier de se tenir prêt à me suivre, aussitôt l'audience finie...

Le notaire et Jérôme allaient s'éloigner, lorsque le juge de paix, retenant le vieux serviteur qu'il savait investi de toute la confiance du comte, confiance amplement méritée, lui dit :

— Il sera déjà tard lorsque j'arriverai à l'hôtel du comte de Thonnerieux... — Avez-vous les clefs de tous les meubles ?...

— Oui, monsieur, de tous... elles sont réunies par un anneau brisé.

— Eh bien ! en m'attendant, cherchez où pourrait se trouver le testament... — Si vous réussissiez, cela simplifierait beaucoup la besogne...

— Je vais le faire, monsieur...

Et Jérôme sortit avec le notaire.

XXIV

Rentré à l'hôtel, le vieux valet de chambre donna quelques ordres aux domestiques, envoya porter à l'imprimerie la copie des lettres de faire-part qui devaient être adressées à tous les amis, à toutes les connaissances du feu comte, et se mit en devoir de se conformer aux instructions du notaire.

Il ouvrit d'abord le bureau et il en explora les tiroirs, à l'exception du compartiment secret dont il ignorait l'existence, et ne trouva rien.

Les autres meubles, qu'il visita les uns après les autres, lui réservaient la même déception.

Il ne restait plus que le cabinet italien du temps de la Renaissance.

Le testament s'y trouvait, nous le savons, mais ce fut en vain que Jérôme présenta les unes après les autres à l'orifice de la serrure les clefs suspendues à l'anneau brisé, aucune d'elles ne s'y ajustait.

Très étonné, le valet de chambre fouilla les poches des vêtements portés la veille par son maître.

La clef demeura introuvable.

Jérôme en était là de ses recherches infructueuses quand on vint le prévenir de l'arrivée à l'hôtel du juge de paix, de son greffier et d'un assesseur.

Il alla à leur rencontre et les conduisit d'abord dans la chambre mortuaire, transformée en chapelle ardente, où nous savons que des religieuses priaient près du cadavre.

— Avez-vous trouvé quelque chose ? — demanda le juge de paix.

— Non, monsieur...

— Vous avez cependant visité le cabinet de travail où le testament, croyez-vous, devait être placé ?...

— J'ai fouillé tous les meubles à l'exception d'un seul dont la clef ne fait point partie de celles du trousseau, et que j'ai cherchée sans résultat dans les vêtements de mon cher maître.

— Avez-vous exploré la chambre où nous sommes ?

— Non, monsieur...

— Pourquoi ?

— Je n'aurais osé le faire en présence du mort...

— Nous allons donc procéder à la pose des scellés... — Quand on les lèvera, on fera des recherches minutieuses... — Passons dans le cabinet du comte.

Jérôme ouvrit la porte qui de la chambre à coucher conduisait au cabinet de travail.

Après avoir examiné d'un rapide coup d'œil cette pièce, le juge de paix demanda :

— Quel est le meuble que vous n'avez pu ouvrir faute de clef?

— Celui-ci...

Et le valet de chambre désigna le *cabinet* italien.

— Où votre maître renfermait-il habituellement ses valeurs?

— Là, précisément.

— Eh ! bien, c'est là que le testament doit être...
— Comment expliquez-vous que la clef ne soit point avec les autres?

— Je ne l'explique pas... Mais il me paraît impossible qu'elle soit perdue...

— Si cela était, on ferait ouvrir par un serrurier, — reprit le magistrat, — c'est ce meuble que je vais sceller le premier...

Il ajouta, en s'adressant à son greffier.

— Ayez soin de mentionner au procès-verbal l'absence de cette clef... — Quant aux papiers disséminés sur le bureau, enfermez-les dans l'intérieur du meuble afin qu'ils se trouvent sous les scellés.

Le greffier obéit, tandis que l'assesseur fixait, avec

de la cire à cacheter rouge, les frêles bandelettes que la loi rend, ou tout au moins est censée rendre inviolables.

Une fois terminée dans le cabinet de travail, l'opération continua dans les autres pièces.

L'hôtel était vaste. — Le travail fut long.

Sept heures du soir sonnaient au moment où le dernier scellé fut posé.

Le juge de paix pria Jérôme d'appeler tous les domestiques composant la maison du comte.

Au bout d'un instant, ils se trouvaient rassemblés en face de lui.

— Je viens, — leur dit-il, — réclamer de vous le serment exigé par la loi... — Vous jurez que rien n'a été détourné ici par vous et que vous n'avez point connaissance que quelque chose ait été détourné par quelque autre ? — Cette question, remarquez-le bien, n'implique à votre égard aucun soupçon malveillant... — C'est la loi qui m'oblige à vous l'adresser... Répondez...

Les domestiques prêtèrent l'un après l'autre le serment demandé, dont mention fut faite au procès-verbal et signée par tous.

De nouveau, le juge de paix prit la parole, et dit au valet de chambre :

— Jérôme Villard, je vous nomme gardien des scellés... — Acceptez-vous ?

— Oui, monsieur...

— Vous savez que ces fonctions entraînent pour vous une sérieuse responsabilité.

— Je le sais, et je n'en accepte pas moins... — il me semblera rendre un dernier service à mon bien-aimé maître...

Les clefs des meubles furent alors étiquetées et remises au greffier de la justice de paix.

Tandis qu'avait lieu la pose des scellés à l'hôtel de Thonnerieux, voici ce qui se passait, rue de Tournon, chez madame de Chatelux.

Il était environ cinq heures du soir quand le valet de chambre vint annoncer à la comtesse la visite de Raymond Fromental et de son fils Paul.

Madame de Chatelux donna l'ordre d'introduire les visiteurs au salon, où elle ne tarda pas à les rejoindre.

Raymond Fromental était un homme de cinquante ans environ.

Nous savons déjà que Paul, venu au monde le même jour que mademoiselle de Thonnerieux, en avait dix-neuf.

Grand, bien bâti, les épaules larges, les reins solides, Raymond offrait l'image de la force physique, quoique ses cheveux, très épais et taillés en brosse, fussent prématurément d'une blancheur neigeuse.

Les traits de son visage offraient une admirable régularité. Le caractère distinctif de la physionomie était une grande expression de douceur et de mélancolie. Le front paraissait assombri par quelque pensée triste et obsédante. L'intelligence et la pénétration se lisaient dans les yeux.

Paul avait avec son père ce qu'on appelle *un air de famille*, mais non les mêmes traits, ni surtout la même apparence athlétique.

Des cheveux blonds ombrageaient son visage fin et distingué. — Il ressemblait à sa mère, disait la comtesse de Chatelux.

Grand, élancé, et fort joli garçon en somme quoiqu'un peu frêle, il paraissait singulièrement timide.

En voyant la comtesse entrer dans le salon où ils attendaient depuis quelques secondes, le père et le fils s'inclinèrent respectueusement devant elle.

Madame de Chatelux leur tendit cordialement la main.

— Mon cher Raymond, — dit-elle, — votre visite m'est tout particulièrement agréable. — Il y a longtemps que vous ne m'aviez fait le plaisir de venir me voir... — Bonjour, Paul, bonjour mon cher enfant, — ajouta-t-elle en s'adressant au fils de Raymond. — Je n'ai point de reproches à t'adresser, à toi, je te vois souvent et j'en suis heureuse, mais ton père ne se prodigue certes pas, lui ; il se fait désirer, et désirer en vain.

— Ce reproche est juste, madame... — répondit Raymond d'une voix grave. — Je devrais, en effet, venir plus souvent vous remercier des bontés que vous avez pour Paul, je le devrais et je le voudrais ; mais, si grande que soit votre bienveillance si connue de moi, la crainte d'être importun m'arrête... — Joignez à cela des travaux incessants qui m'accablent, qui parfois m'écrasent, et vous me pardonnerez...

— Vous êtes pardonné, Raymond... — seulement promettez-moi de venir plus souvent.

— Je vous fais cette promesse de grand cœur...

— Et d'abord je veux que votre visite d'aujourd'hui soit longue... — Asseyons-nous et causons...

— Est-ce que Fabien n'est pas à l'hôtel, madame ? — demanda Paul.

— Si, mon cher enfant... — il doit être dans son cabinet...

— Puis-je le voir sans le déranger ?

— Certainement... — Tu sais bien que tu ne le déranges jamais... — As-tu quelque chose de particulier à lui dire ?

— Je voulais lui proposer de faire ensemble une visite à M. de Thonnerieux. — Quand nous avons vu le comte, il y a deux jours, il nous a fait promettre de retourner le voir aujourd'hui, vers l'heure de son dîner...

— C'est une promesse qu'il faut tenir... — Va prendre Fabien et allez chez le comte... — Je suis très désireuse d'avoir de ses nouvelles...

— Je vous retrouverai sans doute chez madame la comtesse, mon père, — dit Paul à Raymond, — il n'y a pas loin d'ici à l'hôtel de M. de Thonnerieux... — Nous marchons vite, Fabien et moi... nous serons bientôt de retour...

— Si madame de Chatelux le permet, je t'attendrai près d'elle, mon ami... — répliqua Raymond.

— Certes! je le permets... — Va, mon cher Paul...

Le jeune homme quitta le salon pour aller retrouver son ami.

— Eh bien! Raymond, — fit la comtesse en s'asseyant et en indiquant au visiteur un siège en face d'elle, — nous voilà seuls... — Vous pouvez me parler à cœur ouvert... Êtes-vous satisfait?

— Sous le rapport de mon fils?

— Sous tous les rapports.

— Eh bien! non, madame.

— Paul vous causerait-il des chagrins?...

— Des chagrins!... Paul!... — Ah! le pauvre cher enfant!... il ne s'agit certes pas de lui! — Sa santé délicate m'inquiète parfois, mais les années lui donneront la force qui lui manque... Il est doux, il est bon, il est aimant, comme l'était sa pauvre mère!...

— Avec cela très travailleur... Grâce à Dieu, je n'ai rien à lui reprocher!

— J'en étais sûre d'avance, car j'ai pu l'étudier, moi qui le vois souvent, et j'ai su apprécier son caractère... — C'est un enfant admirable, une nature d'élite... — Vous devez être fier de lui.

— Et je le suis, en effet, madame, heureux et fier.

— Quant à sa santé délicate, il ne faut pas vous en inquiéter... — Paul entre dans l'âge où l'adolescent devient un homme... — Il n'est frêle qu'en raison du développement qui s'opère en lui... — Comme vous le disiez tout à l'heure, la force viendra avec les années. — Fabien est aussi délicat que Paul, et je ne m'en inquiète pas...

— Je compte sur l'avenir, madame, mais le présent, malgré moi, me préoccupe... — Paul aurait besoin d'un repos complet... d'un changement d'air... — Je désirerais l'éloigner de Paris... le faire voyager quelque temps en Italie...

— Ne le pouvez-vous pas?

— Hélas! non...

— Pourquoi?

— Parce que je traîne toujours après moi ce boulet terrible que vous savez! Ce boulet dont, au prix de la moitié de ma vie, je voudrais rompre la chaîne!

Et voilà pourquoi je vous ai dit tout à l'heure que je n'étais pas complètement heureux...

— Paul ne pourrait-il voyager seul ?

— Je ne saurais l'abandonner à lui-même sans une trop vive inquiétude... Malgré son intelligence très ouverte et son instruction très développée, Paul est, sous certains rapports, plus jeune que son âge... Son inexpérience et sa faiblesse de caractère le prédisposeraient à tomber, tête baissée, dans des pièges qu'il ne verrait pas.

— Mais vous est-il donc absolument impossible de reconquérir votre liberté ? de briser cette chaîne qui vous semble si lourde ?

— C'est surtout pour vous parler de cela, madame, que je me suis permis de venir vous voir aujourd'hui... — Je sais combien vous êtes bonne, combien vous aimez mon fils, et je sais aussi que vous avez pour moi quelque estime... — Je viens donc solliciter votre protection, et vous supplier de me venir en aide dans ce que j'ai résolu de tenter...

— Vous pouvez compter sur moi, Raymond. — Pour vous être utile, je serai prête à tout... — que voulez-vous tenter ?...

— J'étais condamné, vous le savez, à vingt ans de réclusion, et vous connaissez la cause d'une condamnation si terrible que vous daigniez trouver imméritée !... — Au bout de cinq ans, remise me fut faite de ma peine; vous le savez mieux que personne, madame, puisque cette faveur je la devais à votre protection et à celle du comte de Thonnerieux, à la suite du complot que je parvins à déjouer dans la maison centrale de Clairvaux, complot qui, sans moi, aurait amené la mort de quatre personnes au moins.

» Vous ne pouvez avoir oublié dans quelles conditions me fut faite la remise de ma peine...

» J'avais fourni la preuve, paraît-il, dans l'affaire du complot dévoilé, d'une pénétration profonde, d'une sorte de divination, de cet instinct spécial, ou plutôt de ce flair que possèdent les chiens de chasse de premier ordre et les grands policiers...

» On résolut d'utiliser ces aptitudes et de m'attacher d'office à la préfecture, sans emploi désigné, mais avec l'injonction de me tenir sans cesse aux ordres des chefs de service pour une surveillance, pour une enquête, et cela pendant quinze ans, c'est-à-dire pendant autant d'années qu'il en restait encore à courir jusqu'à l'expiration de ma peine...

» C'était la condition absolue, *sine quâ non*, de ma mise en liberté.

» La liberté !... — C'est-à-dire revoir mon enfant... l'embrasser... l'entourer de soins... veiller sur lui...

» Hésiter était impossible ! — j'acceptai...

Raymond s'interrompit.

— Refuser eût été folie ! — dit la comtesse de Chatelux. — Depuis combien d'années le pacte a-t-il été conclu ?

— Depuis dix ans... — Donc il existe pour cinq années encore...

— Donc, depuis dix ans, vous faites loyalement, courageusement, votre devoir, si pénible qu'il soit, et vous avez rendu d'immenses services à la société...

— De grands services, en effet, madame... — Sans cesse sur la brèche, j'ai suivi jusqu'au bout des pistes si bien embrouillées que les plus habiles, ou tout au moins ceux qui passaient pour tels, les abandonnaient... — Je ne me suis point ménagé... — J'ai risqué cent fois ma vie... — Ceux qui me doivent la leur sont nombreux !... — Bref, je crois avoir largement payé ma dette, et je voudrais quittance...

— Il me semble qu'elle vous est due... Vous l'avez bien gagnée...

— Et cependant, — reprit Raymond, — si j'étais seul au monde, je ne demanderais rien... — Durant cinq années encore, j'accomplirais ma tâche sans faiblesse, sinon sans fatigue... — Mais il y a mon enfant, il y a Paul, et c'est pour lui que je voudrais rompre avec le passé... — Jusqu'à cette heure, ses études l'absorbaient... Le collège d'abord, puis les cours à suivre, occupaient entièrement ses journées... — Je pouvais lui cacher ma vie... — Aujourd'hui il est libre, auprès de moi sans cesse, et mon existence devient impossible. — Je suis en proie à des angoisses, à des épouvantes de toutes les heures, de toutes les minutes, — Que Paul apprenne — (et ne peut-il pas l'apprendre d'un moment à l'autre ?) — ce que j'ai été, ce que je suis, et il aura honte de moi ! — Comprenez-vous cela, madame, un enfant que son père adore, un enfant pour qui son père donnerait avec joie jusqu'à la dernière goutte de son sang, et qui rougirait de son père ! qui le mépriserait ! — Comprenez-vous qu'il puisse exister sur la terre quelque chose de plus effroyable ?

Raymond cacha son visage dans ses mains.

De grosses larmes, coulant entre ses doigts, mouillaient son visage.

FIN DU TOME PREMIER

ÉMILE COLIN. — Imprimerie de Lagny.

www.ingramcontent.com/pod-product-compliance
Lightning Source LLC
Chambersburg PA
CBHW071532160426
43196CB00010B/1750